De l'enfant a l'adolescent

Maria Montessori 1870-1952

DOCTORESSE
MARIA MONTESSORI

DE L'ENFANT

A

L'ADOLESCENT

Traduit par
GEORGETTE J.-J. BERNARD

DESCLÉE DE BROUWER

AVANT-PROPOS

La Méthode MONTESSORI comprend quatre parties correspondant aux quatre périodes de la croissance.

Chacune de ces parties se place sur un plan différent, bien que toutes épousent la même ligne.

La notion de ces quatre plans est extrêmement importante. Du premier — établi pour les enfants jusqu'à sept ans, — il a déjà été traité dans le premier livre.

Nous ne nous occuperons ici que des trois suivants : l'Enfant (de 7 à 12 ans), l'Adolescent (de 12 à 18 ans), l'Étudiant à l'Université.

Seul, le premier plan a été réalisé en France jusqu'à ce jour. Mais, pour les suivants, de nombreuses expériences ont été couronnées de succès tant en Hollande qu'en Angleterre.

Puisse ce livre être chez nous l'amorce d'écoles modernes à l'image de cet idéal dont nos enfants ont plus que jamais un si grand besoin.

N. D. L. T.

LES PLANS SUCCESSIFS DE L'ÉDUCATION

C'est aux personnalités successives de l'enfant que doivent correspondre des plans d'éducation successifs.

Nos méthodes ne sont pas orientées selon certains principes, mais selon les caractères inhérents aux différents âges. Il s'ensuit qu'elles comportent plusieurs plans.

On pourrait comparer ces âges différents aux *métamorphoses* des insectes. Or, quand l'insecte sort de l'œuf, il est tout petit et présente certaine forme et certaines couleurs. Puis, peu à peu, il se transforme, tout en restant un animal du même genre, qui conserve les mêmes besoins, les mêmes habitudes. C'est un individu qui *évolue*. Mais, un beau jour, il se produit un fait nouveau : l'insecte file son cocon et devient chrysalide. Puis, la chrysalide, à son tour, subit une nouvelle et lente évolution. Enfin, l'insecte sort du cocon sous la forme d'un papillon.

Nous pouvons établir un parallèle entre la

vie de cet insecte et celle de l'enfant. Mais le passage des caractères n'étant pas aussi délimité, aussi net chez l'enfant que chez l'insecte, il serait plus exact de parler plutôt de « renaissances ». En effet, nous avons devant nous à chaque étape nouvelle un enfant différent, qui présente des caractéristiques différentes de celles qu'il accusait aux âges précédents.

1. Notre premier plan d'éducation s'adresse donc au petit enfant, de sa naissance à l'âge de 7 ans environ et, comme bien des transformations s'opèrent en cette période si importante, nous avons établi les subdivisions suivantes :

a) pour les deux premières années ;
b) de 3 à 5 ans ;
c) les 6e et 7e années.

2. Dans la période de 7 à 12 ans, c'est-à-dire celle qui précède l'adolescence et qui peut, d'ailleurs, se subdiviser, elle aussi, c'est à un plan différent que nous aurons recours. Si les changements qui se produisent au cours de la première période peuvent être considérés comme de la croissance, ce sont de véritables métamorphoses qui surviennent pendant la période suivante.

3. 12 à 18 ans : on peut en dire autant de cette période de l'adolescence.

Dans chacune, nous retrouvons un être en croissance, mais qui est chaque fois un être différent.

Ce sont ces deux derniers plans que nous allons considérer successivement, le premier l'ayant déjà été[1].

Seule, une analyse serrée peut repérer les changements se succédant sans solution de continuité chez l'enfant qui croît jusqu'à devenir un homme ; et ce sont précisément ces changements qui ont la plus grande importance pour la méthode d'éducation.

Les principes qui s'appliquent utilement à toute la première période ne sont pas les mêmes que ceux qui doivent s'appliquer à la deuxième. Et nous entrons ainsi dans *la partie pratique de l'éducation.*

Prenons un exemple : quand le petit enfant commence à sentir branler une dent, c'est le signe que la première période de son enfance est terminée. L'événement se déroule sans autre importance dans la famille. Quand la dent branle de trop, on l'arrache ; on donne pourtant une certaine publicité à l'événement : on conserve la dent, et cette petite cérémonie constitue le premier temps d'une nouvelle période de la vie de l'enfant. Il faut encore longtemps avant que toutes ses dents de lait tombent, et que l'enfant acquière ses dents nouvelles. Mais si, par malheur, il est nécessaire d'arracher l'une

1. *Pédagogie scientifique*, 2 vol. Larousse. — *L'Enfant*, 1 vol. Desclée de Brouwer.

de ces nouvelles dents, ce ne sera plus d'un fil de soie que l'on devra se servir... Il s'agira de l'extraction d'un organe stable et fort. Ce n'est là qu'un exemple parmi les nombreuses manifestations de cet âge. Tous ces caractères — tant physiques que psychiques — constituent les chaînons de cette chaîne que représente la métamorphose de l'enfant : il est à la fois plus fort et plus maigre ; ses cheveux sont moins jolis ; psychologiquement, il est moins doux, moins agréable.

MÉTAMORPHOSES

De 7 à 12 ans, l'enfant a besoin d'élargir son champ d'action. Comme nous l'avons vu[1], l'ambiance en vase clos convenait au petit enfant ; des rapports sociaux s'y établissaient avec d'autres. Dans la deuxième période, des limites plus vastes lui sont nécessaires pour ses expériences sociales. On ne peut obtenir de développement en le laissant dans son ambiance première.

Il faut, entre autres réalités, qu'il se rende compte de ce que doit représenter l'argent. Sans l'argent nous pourrions nous promener au milieu des choses les plus merveilleuses sans jamais pouvoir y toucher. Nous serions comme un oiseau dont le bec serait cassé, et qui mourrait de faim sur un tas de grains.

L'argent est le moyen qu'a l'homme de se procurer les objets ; c'est pour cela qu'il emprunte un grand intérêt. Nous devons le considérer comme la « clef métal » qui ouvre la porte de la supernature.

1. *L'Enfant*, Desclée de Brouwer éd.

Il faut donc que les enfants acquièrent une expérience personnelle en achetant eux-mêmes des objets, et qu'ils se rendent compte de ce qu'ils peuvent acheter avec l'unité de monnaie de leur pays.

Ainsi, que peut-on acheter avec 1 franc?

Et quand j'ai acheté pour 1 franc de papier chez le papetier, mon franc n'a pas disparu. Il achètera encore des objets qui valent chaque fois 1 franc. C'est toujours le même franc qui passe de main en main, apportant chaque fois à quelqu'un ce dont il avait besoin. Pour combien de marchandises a pu acheter un franc frappé il y a cinquante ans? L'argent que nous manions ainsi est toujours le résultat du travail des hommes ; il doit toujours rester un moyen.

C'est donc avec une société plus vaste que l'enfant a besoin d'établir ses rapports sociaux. L'école en vase clos, ainsi qu'elle est conçue aujourd'hui, ne peut plus être suffisante pour lui. Quelque chose manque au plein développement de sa personnalité ; nous remarquons chez lui une certaine régression, des manifestations de son caractère que nous taxons d'anomalies : ce sont tout simplement des réactions à une ambiance devenue insuffisante ; mais cela, nous ne le remarquons pas ; et comme il est entendu que l'enfant doit faire ce que lui dicte l'adulte, même si l'ambiance n'est plus adaptée à ses besoins, s'il manifeste des écarts de caractère, nous disons qu'il est « méchant », et nous le corrigeons ; mais, le plus souvent, nous ignorons la cause de cette « méchanceté ». Or, l'enfant prouve par sa conduite ce que nous venons d'avancer. C'est bien pour se soustraire au vase clos qu'il ne va plus volontiers à l'école ; il préfère aller pêcher la grenouille ou jouer dans la rue. Ces incidents, qui paraissent superficiels, prouvent ce besoin qu'a l'enfant d'élargir les limites du champ d'action dans lequel il évoluait jusqu'alors.

« Rendre à César ce qui est à César, et à Dieu ce qui est à Dieu »... Une partie de notre vie est à Dieu ; l'autre appartient à l'homme ; elle dépend de lui, du milieu dont nous faisons partie : de la vie sociale. Et quand il est placé dans certaines conditions qui la favorisent, l'enfant manifeste une activité extraordinaire. Son intelligence nous surprend, parce que toutes ses fonctions travaillent de pair, comme il est normal chez l'homme. Il ne s'agit donc plus ici de transformer les méthodes d'éducation : c'est bien un problème vital qui se pose.

Ainsi, la toile de l'araignée occupe un espace bien plus vaste que l'animal lui-même. Et c'est cette toile qui représente son champ d'action, en arrêtant les insectes qui la rencontrent. Or, cette toile est construite selon un plan : un fil, secrété par l'araignée, joint deux branches, deux pierres, deux points d'appui quelconques. Ensuite, se tissent les rayons. Et voilà établi le plan de la construction. Enfin, l'araignée tisse sa toile autour du centre, en circulant à une distance calculée toujours très exactement. Si les points d'appui sont rapprochés, la toile sera petite ; plus ils sont distants les uns des autres, plus la toile sera grande ; mais toujours, elle sera tissée selon un **plan** précis, avec la même exactitude.

De même que cette toile, l'esprit de l'enfant est construit selon un plan exact ; et cette construction abstraite lui permet de saisir ce qui passe dans son champ, hors de sa portée initiale.

Selon que l'enfant vit dans une civilisation simple ou dans un monde compliqué, sa toile sera plus ou moins vaste et lui permettra d'atteindre plus ou moins d'objectifs.

C'est pourquoi il nous faut respecter cette construction intérieure et ses manifestations qui, parfois, peuvent nous sembler inutiles. Cette construction est nécessaire. C'est grâce à ce travail que l'enfant élargit son champ psychique et, par la suite, sa puissance réceptive.

Considérer l'école comme l'endroit où l'on débite l'instruction, c'est un point de vue ; mais considérer l'école comme *une préparation à la vie,* c'en est un autre. Et dans ce dernier cas, l'école doit satisfaire à tous les besoins de la vie.

Une éducation qui consiste à corriger l'enfant, ou à lui faire accepter la suppression de ce qui constitue véritablement son existence, est une éducation qui pousse l'enfant vers une anomalie.

Aussi, le scoutisme qui, en dehors de l'école, a apporté aux enfants une vie organisée, nous a toujours paru intéressant.

⁎

Le passage au deuxième plan d'éducation est le passage du plan sensoriel, matériel, au plan abstrait. C'est vers 7 ans que le besoin d'abstraction et d'intellectualité se fait sentir, alors que, jusqu'à cet âge, ce qui importait à l'enfant, c'était d'établir des rapports entre les objets, c'est-à-dire d'ordonner et d'absorber le monde extérieur au moyen des sens.

Il se produit, à cet âge, une évolution vers le côté intellectuel et moral.

On peut établir des parallèles entre les deux périodes qui, pourtant, restent sur des plans différents. C'est à 7 ans que se dessine un commencement d'orientation vers les questions morales, vers le jugement des actes ; un des caractères les plus curieux à observer est l'intérêt suscité chez l'enfant par certains faits qu'il n'apercevait pas auparavant ; c'est ainsi qu'il se préoccupe maintenant de savoir si ce qu'il fait est bien ou mal fait ; c'est devant lui que surgit le grand problème du Bien et du Mal. Cette préoccupation se rattache à une sensibilité intérieure bien particulière : la *conscience* ; et cette sensibilité est un caractère tout à fait naturel.

La période comprise entre 7 et 12 ans constitue donc une période particulièrement importante pour l'éducation morale... Il faut que l'adulte prenne conscience de l'évolution qui s'accomplit dans l'âme de l'enfant à ce moment-là, et qu'il lui applique un traitement conforme.

Si, dans la première période, la maîtresse devait user d'une grande délicatesse en intervenant le moins possible dans l'activité de l'enfant (activité surtout motrice et sensorielle), c'est sur le plan moral que doit s'orienter maintenant sa délicatesse. C'est là que réside le problème de cet âge. Penser que le problème de la moralité ne se pose que plus tard, c'est négliger la transformation qui survient. Plus tard, le problème de la morale est rendu bien plus difficile, si l'on n'a pas aidé à temps l'enfant dans cette période sensible. Les adaptations sociales en seront rendues bien plus épineuses.

C'est également à cet âge que naît le concept de justice, en même temps que la compréhension du rapport entre les actes et les besoins d'autrui.

Ce sentiment de la justice, si souvent absent chez l'homme, on le trouve au cours du développement de l'enfant. C'est sa méconnaissance qui engendre une idée fausse de la Justice.

La justice en usage d'habitude à l'école et dans la famille pourrait s'appeler « justice distributive » ; c'est-à-dire égalité pour tous, tant dans la distribution des châtiments que des récompenses ; le traitement particulier d'un individu semblerait constituer une injustice ; ce qui amène le concept du droit. Et c'est là une affirmation de l'individualité dans le sens de l'égoïsme et de l'isolement ; une telle conception ne favorise pas le développement intérieur. Par contre, la justice telle que l'on n'a pas l'habitude de la considérer naît précisément de l'éducation intérieure. Le principe de justice distributive et de droit individuel, purement extérieur, détruit le sentiment inné et naturel de la véritable justice.

CARACTÈRE MORAL DE L'ENFANT
DE SEPT A DOUZE ANS

Les trois caractères que nous venons de dégager — besoin qu'éprouve l'enfant de sortir du vase clos, passage de son esprit à un plan abstrait, et naissance chez lui du sentiment de la morale — nous servent de base pour le plan de cette deuxième période.

Une fois sortis de l'espace réduit qui constitue l'ambiance de la première période, il nous faut donc apporter la culture et élargir les expériences sociales.

Précisons quelques points importants, et notons, en passant, le parallélisme qui existe dans cette période avec certains côtés de la précédente.

En effet, la première période comportait des activités que nous avons appelées les « exercices de vie pratique » ; elles constituaient un effort pour reculer les limites que nous croyions être celles des activités possibles de cet âge. Et ainsi l'enfant, qui a repoussé lui-même ces limites, a gagné son indépendance ; et c'est ce qui donne toute leur importance à ces exercices de patience, d'exactitude et de répétitions.

La prolongation de ces exercices deviendrait inutile, maintenant que l'enfant est indépendant, c'est-à-dire qu'il sait se livrer à une activité pour laquelle il lui fallait demander secours à l'adulte et qu'il possède la coordination de ses mouvements. Mais les gestes de courtoisie, qu'on lui a enseignés afin qu'il prenne contact avec autrui, doivent maintenant être transposés sur un autre plan : il faut, par exemple, qu'il soit question de l'aide à apporter aux faibles, aux vieillards et aux malades ; il n'est plus question ici de s'exercer à des mouvements : nous arrivons à l'introduction des rapports moraux, de ceux qui éveillent la conscience. Si, jusqu'à présent, la fait de ne pas heurter quelqu'un sur son passage avait de l'importance, ce qui en a maintenant bien davantage, c'est de ne pas offenser ce quelqu'un.

Si le scoutisme a obtenu un tel succès, c'est parce qu'il a apporté des principes moraux dans une réunion d'enfants. Il met en outre l'accent sur ce que l'on doit et sur ce que l'on ne doit pas faire. Et les enfants qui adhèrent à ces groupes ne commettent généralement pas ce que leur défend le scoutisme. Il y a là une attraction qui est un point de départ : naissance de la dignité.

Ces réunions comportent aussi des exercices physiques, tels que de longues marches, et les enfants s'habituent à affronter une vie à la fois plus grave et plus dure.

Tandis que le petit enfant recherchait la douceur de la vie, l'enfant a maintenant soif de rencontrer la difficulté. Mais, pour réaliser ces efforts, il faut un but : et c'est là que réside la différence entre un maître d'école qui emmène promener ses enfants, et une organisation de ce genre. Le premier, il est vrai, les fait sortir de l'hermétisme de l'école ; c'est-à-dire qu'il les fait marcher avec leurs pieds, et voir sensoriellement ce qui les environne. Mais cela n'élève en rien la dignité de l'enfant, qui est quand même maintenu dans un cercle fermé. On aura beau multiplier ces promenades, rien ne sera changé, puisque l'adhésion des enfants est passive. Par contre, si ces mêmes enfants sortent consciemment de l'école dans un but déterminé et librement accepté, c'est tout à fait différent.

Or, il s'agit bien, dans le scoutisme, d'une réunion d'enfants qui ont sollicité leur adhésion à cette société ; et cette société se propose, avant tout, un but moral ; celui, par exemple, de défendre les faibles, et de se maintenir à un certain niveau moral ; ici, l'enfant peut promettre ou refuser ; aucun maître ne l'oblige à entrer dans cette société ; mais c'est de son propre chef qu'il doit obéir à des principes s'il veut en faire partie. Et le fait de se trouver ainsi, réunis entre individus qui ont librement accepté les principes d'une société, constitue un attrait pour cette société dont les limites ne sont plus les murs d'une pièce, mais seulement des limites d'ordre moral.

Les scouts se donnent donc une règle de vie dont la difficulté et la dureté dépassent ce que l'on aurait cru possible d'être supporté par des enfants de cet âge. Ainsi, les longues promenades, les nuits en plein air, la responsabilité de ses propres actions, le feu, les camps, etc... représentent autant d'efforts collectifs. Le principe moral qui se trouve à la base nécessite une adhésion de l'individu : c'est l'adhésion de l'individu à la société. Et c'est là l'essentiel.

Équivalence avec la première période : nous faisions appel au consentement de l'enfant à recevoir une leçon donnée. Ce qui était sensoriel est devenu abstrait.

Il existe donc aussi, en cette deuxième période, des possibilités supérieures à celles que nous connaissions à l'enfant ; seulement, ces possibilités ne sont pas subordonnées au commandement d'autrui, mais bien au commandement de sa propre conscience.

LES BESOINS DE L'ENFANT
DE SEPT A DOUZE ANS

Que faire, pratiquement, avec un enfant de sept ans? D'abord, gardons toujours présent à l'esprit ce tableau que nous venons de tracer, et qui doit nous permettre de comprendre cet enfant, de l'aider dans ses désirs — qu'il n'exprime pas mais que nous avons devinés — . C'est cette compréhension qui doit être au départ; il nous faut sympathiser avec ce petit garçon ou cette petite fille qui a changé, tant dans son aspect extérieur (façon de s'habiller, de se coiffer, etc...), qu'à l'intérieur de sa personne. C'est devenu un être fort; un être qui entre dans un monde nouveau, le monde de l'abstrait; c'est un monde riche, dans lequel, plus que les objets, vont l'intéresser les actes accomplis par les hommes. Il arrive, et il va juger, ce qui est nouveau chez lui. Alors que, jusqu'ici, il s'était intéressé aux choses (l'eau des fleurs qu'il changeait, ses petits poissons qu'il soignait, etc...) il se préoccupe maintenant du comment et du pourquoi. Maintenant, tout ce qui l'avait attiré sensoriellement l'intéresse, d'un point de vue différent : il cherche ce qu'il faut faire, c'est-à-dire qu'il naît au problème de la cause et des effets.

Mais cet être nouvellement né à ce monde est un peu gênant pour l'adulte ; aussi, sans une nouvelle directive pédagogique, survient une nouvelle lutte entre lui et cet enfant nouveau. L'adulte se fatigue, et finit par répondre à l'abondance des questions, soit en priant l'enfant de se taire, soit en lui fournissant de trop longues explications ; il agit à nouveau avec lui comme il a agi avec le petit enfant qui commençait à se mouvoir : il le priait de se tenir tranquille, ou le laissait, sans discernement, être turbulent et faire tout ce qu'il voulait. Le même malentendu se reproduit sur le plan abstrait. A chacune de ses naissances, l'enfant doit affronter une lutte nouvelle ; une nouvelle incompréhension sévit chaque fois que l'enfant présente une activité nouvelle, pourtant précieuse ; c'est, au contraire, à l'adulte à l'aider en créant pour lui l'ambiance adaptée à son nouveau développement. Aussi bien qu'il faut aider le bébé qui fait ses premiers pas dans ce monde, nous devons aider l'enfant qui fait ses premiers pas dans le monde de l'abstraction.

L'éducation doit être un guide, en cette

période plus critique de la vie et de l'école ; aussi faut-il enseigner au maître ses limites, tout comme nous les lui avions établies à l'égard du petit enfant. Pour le petit enfant, il devait « compter ses mots » ; ici, il doit être sûr de ce qu'il doit faire, de ce qu'il doit dire, et de la mesure dans laquelle il doit répondre aux questions. Il doit avoir clairement conscience que son devoir est de dire peu, de ne dire que la vérité, et non pas toute la vérité. Ici encore, il doit dire le « nécessaire et le suffisant ». Ce qui est indispensable à l'enfant, c'est de sentir la sécurité de l'adulte.

L'essentiel pour lui, dans toutes les périodes de sa vie, c'est de disposer de possibilités d'activités propres, afin de conserver un équilibre entre l'acte et la pensée. Sa pensée aurait, en effet, tendance à se perdre dans l'abstraction par des raisonnements sans fin, de même que le petit enfant se perdait dans la fantaisie dans le monde du fantastique. Au petit enfant, nous apportions des objets déterminés dans une ambiance préparée pour lui ; il y acquérait son indépendance, grâce à son propre effort, et son activité lui conférait la dignité. C'était sa propre expérience qui lui apportait des réponses exactes. *Le rôle de l'éducation consiste à intéresser profondément l'enfant à une activité extérieure à laquelle il consacrera toutes ses possibilités.* Il s'agit de lui apporter la liberté et l'indépendance en l'intéressant à une réalité que son activité lui fera découvrir par la suite. Et c'est pour lui le moyen de s'affranchir de l'adulte.

Examinons donc les principaux besoins de l'enfant de 7 ans : quelque chose est changé dans le corps de cet enfant ; d'abord, les dents et les cheveux. Enseignons-lui l'hygiène des dents et celle des cheveux. Et puis, les pieds et les jambes : l'enfant de 7 ans a des jambes robustes, et il cherche à s'échapper du cercle clos ; au lieu de lui fermer les portes, préparons-lui de bons pieds. Jadis, l'homme faisait de longues marches, et l'hospitalité offerte au pèlerin consistait tout d'abord à lui soigner les pieds, avant même de lui offrir à manger. Excitons notre imagination autour de ces bases fondamentales de l'histoire de l'humanité. Gabriele d'Annunzio a dit ces mots symboliques : « Je baise tes pieds qui vont... »

Donc, si cet enfant manifeste le désir de s'échapper de la maison, attirons un peu solennellement son attention sur ses pieds ; avant de se mettre en route, il prendra davantage conscience de ce qu'il va faire. En attirant son attention sur cette partie de son corps qui risque de lui faire commettre une faute, nous l'amenons à penser qu'il lui faut la soigner pour marcher, autant symboliquement que pratiquement. C'est sur un plan élevé que toutes ces activités doivent être envisagées, c'est-à-dire que, maintenant, c'est sur le plan abstrait que nous éduquerons l'enfant.

Noble est le pied, et noble est la promenade ; et, grâce à ces pieds, l'enfant qui, déjà marche, peut demander à l'extérieur certaines réponses à ses questions secrètes.

Mais pour sortir, il faut s'y préparer : l'enfant en fugue ouvre la porte et s'en va ; en lui enseignant la nécessité d'une préparation, nous l'obligeons à réfléchir. Il comprend que si « sortir » comporte une activité, cela nécessite auparavant l'acquisition de connaissances et d'objets.

L'emploi de ces objets fait surgir une série d'exercices pratiques. Tandis que, pour le tout-petit, le souci vestimentaire restait purement esthétique, pour l'enfant de sept ans, l'habillement prend une importance en rapport direct avec le but à atteindre.

Il s'agit d'abord de simplifier la sortie. Il faut donc emporter le moins de choses possible et, par conséquent, « choisir ». Ces préoccupations matérielles éliminent l'idée de fuite ; mais comme l'instinct existe, qui pousse à l'envolée, c'est cet instinct même qui suscite une très vive attention à ces préparatifs. De fil en aiguille, la réponse surgit, et le raisonnement fonctionne de cause à effets.

Que la maîtresse ne perde pas de vue que le but poursuivi n'est pas le but immédiat — la promenade — mais que son but réel est de rendre capable l'être spirituel, qu'elle éduque, de trouver sa route tout seul.

Pour comprendre l'importance de ces exercices, qui doivent permettre des expériences sociales, il ne faut pas se contenter de considérer la sortie des enfants comme un simple exercice d'hygiène : elle est destinée à faire vivre à l'enfant ses acquisitions. C'est seulement ainsi qu'il se pénétrera de leurs réalités. C'est cela que nous appelons l'expérience.

Un enfant, enfermé dans ses limites, même vastes, reste incapable de se valoriser, n'arrivera pas à s'adapter au monde extérieur. Pour qu'il progresse rapidement, il faut que la vie pratique et la vie sociale soient intimement mêlées à sa culture. On objecte généralement que l'enfant a déjà trop à faire pour que l'on puisse introduire dans son horaire des développements d'ordre pratique. C'est une erreur : car il est beaucoup plus fatigant de n'employer que la moitié des facultés dont la nature nous a dotés. C'est comme si l'on marchait sur un pied, sous prétexte que, se servir de ses deux pieds donnerait le double de travail. Or, la culture et l'expérience sociale doivent s'acquérir à la fois.

La sortie dont le but n'est pas seulement

de l'ordre de l'hygiène ou d'ordre pratique, mais qui fait vivre une expérience, fera prendre conscience des réalités. C'est donc à la maîtresse à s'arranger pour que les enseignements moraux de la vie se poursuivent au moyen d'expériences sociales.

La morale comporte à la fois un côté pratique, qui règle les rapports sociaux, et un côté spirituel qui préside à l'éveil de la conscience chez l'individu.

Il est difficile de faire prendre une réalité à ces rapports sociaux tant qu'on ne fait jouer que l'imagination. Il faut faire pratiquer ces rapports. Ce n'est pas par un récit que l'on peut éveiller la conscience ; mais il faut que l'enfant exerce une surveillance constante de ses propres actes. L'éducation a donc la possibilité de résoudre le problème en se jouant, quand elle cherche à le résoudre par des actes.

Comme on ne marche pas seulement avec ses pieds, il faut aussi faciliter la démarche, la rendre svelte et capable de s'exercer dans tous les éléments. N'oublions pas que ces efforts, qui doivent tendre vers un but perceptible, sont destinés à avoir une répercussion sur la connaissance du monde.

Ainsi, quand nous voulons atteindre un sommet, si notre seule préoccupation était de poser soigneusement les pieds l'un devant l'autre, la fatigue nous terrasserait bien vite, et nous n'atteindrions pas notre but. Mais si nous marchons en groupe et que nous nous réjouissons, tout en marchant, de la vue merveilleuse que nous allons découvrir de là-haut, nous atteignons sans fatigue le sommet et nous avons récolté joie et santé : nous avons été moralement conscients de notre effort.

Cette prise de conscience n'apporte aucune fatigue supplémentaire. Apportez à l'enfant le sentiment de sa propre dignité, il se sentira libre et son travail ne lui pèsera plus.

En Hollande, les enfants de cinq ans circulent à bicyclette. La natation devrait, elle aussi, être enseignée. Quand on commence à sortir de la maison, il faut bien penser à sa défense personnelle ; il faut s'aguerrir, s'armer et acquérir des habiletés nouvelles. Il faut aussi apprendre à soigner ses vêtements, à voir si tout est en ordre, apprendre à recoudre des boutons, à enlever les taches, etc... Nous avons, à cet effet, préparé un matériel comprenant diverses étoffes de laine, de soie, de lin, de coton, etc..., que nous avons tachées de façons diverses ; les enfants se sont beaucoup intéressés à cet exercice. Les grands apprendront non seulement à faire toutes ces choses, mais ils auront aussi la notion que, pour sortir, on doit être parfaitement en ordre.

Un individu habitué à ne pas supporter une tache sur son vêtement le nettoie sitôt sali ; il existe une sensibilité spéciale, une sensibilité active qu'il s'agit de développer ; un enfant ainsi éduqué sait distinguer celui qui possède cette sensibilité, et cela fait naître chez lui un souci de correction et un contrôle constant de sa propre personne ; il ne veut avoir aucune trace de désordre sur lui, ni laisser aucune trace de désordre là où il a passé.

Un autre exercice utile est de confectionner des paquets. Pour bien faire un paquet, il faut d'abord prendre des mesures et opérer avec méthode. Il faut aussi savoir préparer et empaqueter ce qui est nécessaire à un repas en plein air (assiettes, verres, couverts, etc...).

Il est aussi très important, pour un enfant qui sort, de savoir s'orienter à la campagne, de reconnaître la position du soleil, les points cardinaux, comment avoir idée de l'heure, etc... Faisons observer, par exemple, que la mousse, dans un bois, ne couvre que le côté des arbres exposés vers le nord. Faisons prévoir le temps d'après les nuages, étudier la direction du vent. Toutes ces choses éveillent l'attention et constituent de véritables connaissances ; et quand les enfants commencent à s'y intéresser, ils en parlent à leurs cadets, leur apportant leur propre richesse. Ainsi, quand les aînés sortent, ils rapportent chez eux culture et civilisation, c'est-à-dire progrès ; et autour d'eux se crée une atmosphère plus élevée.

Toutes ces activités représentent un symbole de la vie. Et comme la vie, au dehors, est différente de la vie en vase clos, il y faut aussi un guide et un but. En un mot, pour sortir, il faut y être prêt.

Si nous avions, pour la deuxième période, la même conception que pour la précédente, il nous faudrait laisser sortir l'enfant, aller où il voudrait ; tout d'abord, il se perdrait.

Précédemment, la maîtresse parfaite était celle qui, s'effaçant, laissait agir l'enfant. Le même procédé ne serait plus applicable maintenant. Car maintenant, l'enfant vit deux existences parallèles : son existence au foyer et son existence dans la société. C'est là un fait nouveau. Les Scouts nous apportent là des éléments utiles : quand ils se rendent à la campagne ou dans les bois, ils se livrent à des exercices de souplesse. L'expérience pratique est, elle aussi, utile à cet âge : aussi, ces enfants, pour décider du lieu de leur sortie, observent, par exemple, des objets que ceux qui les ont précédés sur la route ont laissés à leur intention ; ces signes leur serviront à trouver leur chemin. Ou bien les groupes qui se suivent séparément apprennent à reconnaître, par la direction d'un objet donné, considéré comme un signal, la direction qu'eux-mêmes devront prendre. Il y a là un exercice actif, qui habitue les enfants à observer, à chercher. Cette méthode est tout à fait différente de celle qui consiste à promener l'enfant en le tenant par la main.

Une autre activité scoute consiste à étudier des pistes d'animaux. Aux petits enfants, nous faisions observer les moindres détails de l'ambiance ; c'est ainsi qu'ils apprenaient à se mouvoir adroitement, à toucher les objets sans les faire tomber, sans les casser, etc... De même c'est, maintenant, de tout observer dans l'univers qui doit développer l'enfant plus évolué. Le choix de ces exercices est en fonction de son âge. Ce sont des considérations d'ordre physique qui doivent présider à ce choix. Aussi, les exercices qui comportent des mouvements sont-ils plus dictés par l'âge de l'enfant que par le degré de son intelligence.

Un exemple : un jeune enfant d'une école de Hollande savait faire le carré du binôme, ce qui correspond aux connaissances d'enfants bien plus âgés ; mais un jour, ayant demandé à sa maîtresse d'aller ramasser avec des camarades de son âge, les allumettes éteintes qu'il trouverait par terre dans les bois, il ne s'y comporta pas autrement que les autres enfants ; tout comme eux, il n'était préoccupé que de savoir celui qui en trouverait le plus, sans se soucier des explications que donnait la maîtresse par ailleurs. Cette préoccupation était le témoignage de son âge ; un petit enfant s'intéresse encore à ces petites choses, alors que son intelligence est capable de faire des bonds vers des préoccupations plus avancées. On peut dire que si un enfant peut s'évader sur le plan intellectuel, il reste sur le plan pratique, lié à son âge.

PASSAGE A L'ABSTRACTION — RÔLE DE L'IMAGINATION OU LA SORTIE, CLEF DE LA CULTURE.

Quand on envisage de préparer des enfants à « sortir » du lieu clos où ils ont été éduqués jusqu'à sept ans, c'est un vaste tableau qui surgit à l'esprit. Sortir d'une pièce, d'une classe pour se rendre dans le monde extérieur, qui englobe toutes choses, c'est évidemment ouvrir une porte immense à l'instruction. C'est un événement comparable à celui que constitua, dans l'histoire de la pédagogie, la parution du livre de Comenius, « Orbis Sensualium Pictus ».

Avant Comenius, on apportait d'étroites connaissances au moyen exclusif de la parole. Comenius imagina — et il semble que ç'ait été la première pierre d'une nouvelle méthode d'éducation — de donner l'orbis au moyen d'images ; la connaissance devait en être grandement accrue.

Il composa donc un livre de figures représentant tout ce qui constituait le monde :

plantes, animaux, pierres, races humaines, cartes géographiques, faits historiques, industrie, commerce, médecine, hygiène, reproduction des premières machines, la façon dont elles fonctionnaient, etc... chaque idée représentée par une figure et commentée en quelques mots. Il semblait facile de tout embrasser en regardant les figures du livre. Ce fut véritablement un premier exemple de ce que furent, plus tard, les encyclopédies, avec la différence que les encyclopédies revenaient au mot, et que « l'Orbis Sensualium Pictus » est resté à peu près unique dans l'Histoire de la pédagogie.

Pourtant, l'idée est demeurée, et l'on a commencé à enseigner au moyen d'objets palpables. Mais comme les idées s'amoindrissent len se vulgarisant, au lieu d'être apportées par un Comenius — qui connaissait tout — la maîtresse, en se substituant à lui, n'a apporté que ses maigres connaissances mises en images.

Et puis, on imagina que la représentation par deux dimensions était insuffisante pour la compréhension de l'enfant. On lui présenta alors ce peu de connaissances en nature. Mais, devant la difficulté de se procurer et de conserver les objets, ils furent enfermés dans un musée. Toute école moderne qui se respecte doit avoir son musée. Et voilà qu'auprès d'enfants enfermés, se trouvèrent des objets enfermés. Autour de l'enfant qui a besoin de *voir* les choses pour les comprendre, règne une atmosphère lourde et déprimante, due à la sous-estimation de l'adulte pour son intelligence. La puissance de l'intelligence enfantine reste insoupçonnée. Ce que nous souhaitons, nous à qui l'enfant a révélé cette puissance d'intelligence, c'est de reprendre la véritable idée de Comenius, en apportant aux enfants le Monde lui-même.

Quand l'enfant sort, c'est bien le Monde lui-même qui s'offre à lui. Au lieu de fabriquer des objets qui représentent des idées et de les enfermer dans une armoire, faisons sortir l'enfant; montrons-lui les choses dans leur réalité.

Dans son ensemble, le monde répète toujours plus ou moins les mêmes éléments. Si l'on étudie, par exemple, la vie des plantes ou des insectes dans la nature, on a plus ou moins idée de la vie des plantes ou des insectes dans le monde. Personne ne connaît *toutes* les plantes. Mais il suffit de voir un pin pour pouvoir imaginer comment vivent tous les autres pins. Quand nous sommes initiés aux diverses fonctions de la vie d'insectes que nous voyons à la campagne, nous pouvons nous faire une idée de la vie de tous les autres insectes. Personne n'a jamais eu sous les yeux tous les insectes de l'univers ; mais le monde s'acquiert psychologiquement à travers l'imagination. On étudie la réalité du détail, et puis on imagine l'ensemble. Ce détail peut croître dans l'imagination et atteindre la connaissance totale. Le fait d'étudier ces choses est, en quelque sorte, une méditation sur le détail. Cela revient à dire que l'on approfondit dans un individu la personnalité d'un fragment de la nature.

Quand on rencontre un fleuve ou un lac, est-il nécessaire de voir tous les fleuves et tous les lacs du monde pour savoir ce que c'est? L'imagination peut, ensuite, se représenter le monde. Une machine, un homme qui pêche, un homme qui travaille, ce sont tous détails qui forment la connaissance. C'est là une méthode de culture universelle. Il est bien évident que la possession des choses réelles et leur contact réel apportent avant tout une somme réelle de culture ; l'inspiration engendrée par elle revivifie l'intelligence qui s'est intéressée, et qui a voulu savoir. Alors, de toutes ces choses vues surgissent des intérêts intellectuels (les climats, les vents, etc...) ; l'instruction devient vivante. Au lieu d'être illustrée, elle est vivifiée. En un mot, la sortie est une clef nouvelle pour intensifier la culture apportée ordinairement à l'école.

Aucune description, aucune image d'aucun livre ne peut remplacer la vue réelle des arbres dans un bois avec toute la vie qui se déroule autour d'eux. Il émane de ces arbres quelque chose qui parle à l'âme, quelque chose qu'aucun livre, aucun musée ne pourrait rendre. Le bois que l'on voit révèle qu'il n'y a pas seulement des arbres qui existent, mais un ensemble de vies ; et cette terre, ce climat, cette puissance cosmique sont nécessaires à toutes ces vies pour qu'elles puissent se développer. Ces myriades de vies autour de ces arbres, et cette majesté, cette variété, c'est quelque chose qu'il faut aller chercher, et que personne ne peut apporter à l'école.

Que de fois l'âme de l'homme — spécialement celle de l'enfant — en est privée, parce qu'on ne la met pas en contact avec la nature. Et quand on pense à établir ce contact, ce n'est que dans un but d'hygiène. Comment un enfant pourrait-il décrire la différence entre la nature vue de jour ou de nuit, puisque, à notre époque, il va irrémédiablement se coucher quand vient le soir ?

J'ai entendu cette phrase qui m'a profondément impressionnée, dans la bouche d'un enfant de huit ans : « Je donnerais n'importe quoi pour pouvoir, un soir, voir les étoiles »... Il en avait entendu parler, mais il ne les avait jamais vues. Ses parents pensaient qu'il ne fallait sous aucun prétexte, laisser l'enfant un seul soir levé. Toute cette hygiène, centrée sur la personne physique, a rendu le monde névropathe. On constate, en effet, une diminution de la force nerveuse, en dépit des progrès de l'hygiène qui fortifie la personne physique. Si la tension des adultes est devenue anormale, c'est qu'ils se sont fait une idée fausse de la vie. Et tous ces préjugés créent autant d'obstacles à la vie intellectuelle de l'enfant. Quel mal peut-il y avoir à laisser un enfant se lever plus tard si, exceptionnellement, on le laisse dormir plus tard, afin de lui permettre de satisfaire l'intérêt qu'il prend à découvrir les étoiles ou les bruits de la nuit? L'esprit de l'enfant se trouve être, à cet âge, sur un plan abstrait. Il ne se contente plus d'accueillir les faits : il cherche à en connaître les causes. Il faut utiliser cet état psychologique, qui permet d'envisager les choses dans leur ensemble, et le laisser constater que tout se tient dans l'univers. Ainsi, quand il cherche les causes de l'ensemble des effets, le monde, qu'il a devant lui, peut répondre à ce besoin normal.

Mais il n'est pas aussi facile d'apporter l'ensemble que d'apporter le détail. Aussi, n'est-il pas suffisant que la maîtresse se borne à aimer l'enfant et à le comprendre ; il lui faut d'abord aimer et comprendre l'univers. Il faut donc qu'elle-même se prépare et travaille. C'est bien toujours l'enfant qui est au centre ; mais c'est à cette partie de l'enfant qui se trouve dans le monde abstrait, que la maîtresse doit faire appel maintenant. Ainsi, quand l'enfant était tout petit, il suffisait de l'appeler par son nom pour qu'il se retourne ; maintenant, c'est à son âme qu'il faut faire appel et, pour cela, il ne suffit plus de lui parler : il faut l'intéresser ; ce qu'il apprend doit être intéressant, doit être fascinant ; il faut apporter du grandiose : pour commencer, apportons-lui le Monde.

Il est dit dans la Genèse : « Dieu créa le Ciel et la Terre. » C'est très simple ; mais c'est grandiose. Aussi l'âme reste en éveil. Quand ils sont présentés comme faisant partie d'un tout, les moindres détails deviennent intéressants ; et l'intérêt grandit au fur et à mesure que l'on en sait davantage. D'ailleurs, les connaissances que l'on apporte maintenant ne doivent plus être sur la même échelle. Elles ne doivent plus être purement sensibles : il faut maintenant que l'enfant ait constamment recours à son imagination. L'imagination est la très grande puissance de cet âge ; et, comme nous ne pouvons apporter le tout, c'est à l'enfant à l'imaginer. L'instruction des enfants de sept à douze ans doit faire appel à leur imagination. C'est de cette imagination que doit surgir la représentation de la réalité ; il faut donc être rigoureusement précis et exact : l'exactitude, comme le nombre, et comme tout ce qui est mathématique, servira à construire cette représentation de la réalité. Or, qu'est-ce qui frappe l'imagination ? Avant tout, la grandeur, et puis le mystère. Cette imagination-là est capable de reconstruire l'ensemble, quand elle connaît le détail réel.

L'imagination n'a pas été donnée à l'homme pour le simple plaisir d'imaginer des merveilles ; pas plus que les quatre caractéristiques communes aux hommes (langage, religion, culte des morts et arts) ne leur ont été données pour les faire vivre de contemplation. L'imagination ne devient grande que lorsque l'homme, grâce au courage et à l'effort, s'en sert en vue de quelque création ; autrement, elle ne s'adresse qu'à un esprit vagabondant dans le vide.

Le monde est hérissé d'obstacles ; mais la vie spirituelle apportera à l'homme la force de les surmonter pour accomplir sa tâche. Ainsi, l'amour de la patrie est basé sur l'imagination ; n'est-ce pas elle, en effet, qui nous apporte la notion de ce qu'est notre pays, de ce que sont nos concitoyens ? Notre lutte en faveur des enfants nécessite, elle aussi, de l'imagination ; car nous ne connaissons que peu d'enfants par nous-mêmes.

Mais cette patrie, ces enfants, ce que nous imaginons là existe, et nous savons qu'ils existent.

Celui qui ne possède pas ce monde de l'imagination n'est qu'un pauvre être. Mais l'enfant

qui a trop de fantaisie est un enfant agité. Nous
ne savons comment le calmer. Ne disons pas :
« Supprimons cette imagination de l'esprit de
l'enfant », mais disons : « *L'imagination ne suffit
pas à son esprit.* » Il faut aussi nourrir l'autre
face de son intelligence, celle des relations avec
le monde extérieure : son activité. Et c'est ainsi
que nous le disciplinerons.

L'imagination de l'enfant est vague, imprécise,
illimitée. Mais dès qu'il se trouve en contact
avec le monde extérieur, *il a besoin d'exactitude* ;
et ce besoin est tel que l'adulte aurait été incapable
de le lui inculquer ; c'est donc qu'il existe bien
en puissance chez lui. Quand on éveille l'intérêt
de l'enfant sur une base de réalité, le désir
d'en savoir davantage naît aussitôt. On peut
alors apporter des déterminations exactes. Et
les enfants expriment à leur manière ce désir
de déterminations. Par exemple, nous avons eu,
dans une de nos écoles, un petit garçon de
sept ans qui avait choisi l'étude du Rhin ; la
maîtresse avait dressé une carte du fleuve avec
ses affluents ; mais l'enfant ne s'en contenta
pas. Il voulut connaître la longueur relative de
tous les affluents. (Et voilà éveillée l'idée mathématique). Pour mieux construire sa carte lui-
même, il se servit de papier millimétré. Et c'est
ainsi que sont nés en lui à la fois le sens des
proportions et l'intérêt pour les études. Il est

resté, de son propre gré, plus de deux mois sur ce travail. Et il ne fut satisfait qu'après l'avoir méticuleusement terminé. Sa satisfaction venait d'avoir pu exprimer l'idée avec des moyens mathématiques.

Faisons ici un parallèle avec les petits enfants qui palpaient les objets d'une main toujours plus légère. Cet exercice semblait satisfaire quelque chose d'intérieur chez eux. C'est maintenant une satisfaction sur le plan de l'imagination, alors que nous agissions alors sur celui du toucher. Ainsi, sur un plan différent, se rencontrent des phénomènes parallèles. C'est-à-dire que, quand nous suscitions un intérêt chez le petit enfant, la réponse était enfantine ; mais c'est toujours en éveillant l'intérêt que la culture peut véritablement se développer. Ainsi, un détail, en physique ou en chimie, suffit à produire cet éveil ; aussitôt, quantités d'exercices et de déterminations surgissent, apportant une culture exacte et en profondeur.

L'imagination est la base même de l'esprit ; elle élève les choses sur un plan supérieur, sur le plan de l'abstraction. Mais l'imagination a besoin d'un support ; elle a besoin d'être construite, organisée. L'homme, alors seulement, peut atteindre un niveau élevé, car il pénètre l'infini.

Et voici une sorte de plan d'étude qui se

dessine : *apporter le tout en présentant le détail* comme moyen. Ainsi, quand nous considérons l'étude des êtres vivants, l'important est d'en établir d'abord la classification. C'est bien à tort que l'on a cherché à la supprimer ; elle a semblé trop aride et trop difficile, alors qu'elle constitue précisément une clef pour l'étude du tout ; non seulement la classification aide à comprendre, mais elle aide à retenir. Elle constitue donc une base que l'on doit tout d'abord sceller.

Que la maîtresse se pénètre bien de la grandeur de ce tout pour pouvoir le transmettre à l'enfant. Ce n'est pas seulement la classification de quelques détails, qui doit être le point de départ, mais la classification du Tout. Et ce Tout, surgissant en même temps, nous servira de base, afin que chaque détail vienne se localiser dans l'esprit. Par exemple : disons que le monde, c'est ce globe à la surface duquel nous vivons ; mais disons aussitôt que cette planète reçoit des reflets du monde des astres ; on ne peut donc l'isoler de l'ensemble ; on ne peut se contenter de l'observer toute seule. Considéré dans l'abstraction, nous pouvons l'envisager comme l'empire des trois règnes : règne animal, végétal, et minéral. Montrons un globe — tout différent de celui dont on se sert pour la géographie : ce qui est représenté en blanc figure la terre, ce qui est représenté en noir figure l'eau. Il ne sert pas à l'étude de la géographie, mais il est destiné à stimuler l'imagination, qui travaille en partant de ce globe.

Parler des animaux, des végétaux, des minéraux, c'est une abstraction ; mais nous dirons ici : « L'homme vit là-dessus, et l'homme doit conquérir le monde... » l'intelligence de l'homme doit conquérir le monde, comme l'intelligence du petit enfant a conquis l'ambiance.

Tout est étroitement lié sur cette planète, et l'on constate que chaque science n'étudie que les détails d'une connaissance totale. Parler ensuite de la vie de l'homme à la surface du globe, ce sera faire de l'Histoire. Et chaque détail prend de l'intérêt, du fait qu'il est étroitement lié aux autres. Nous pouvons en comparer l'ensemble à une toile : chaque détail étant une broderie, l'ensemble composant un tissu magnifique.

Pour donner à l'enfant de sept à douze ans l'idée d'un ensemble dans la nature, par exemple de la planète sur laquelle nous vivons, il faut commencer par lui apporter des nombres.

Pour bien faire, il faut arriver à donner une idée de toutes les sciences ; non pas avec détails et précisions, mais rien qu'une impression ; il s'agit de « semer les sciences », à cette époque où il existe une espèce de période sensible de l'imagination et, une fois apportée l'idée d'ensemble, il faut montrer que, de chaque branche, part une science : minéralogie, biologie, physique, chimie, etc... Et, comme nous l'avons vu, l'examen d'un détail déclenche l'étude de l'ensemble.

On est, bien entendu, obligé de commencer par un détail ; mais comme il n'en existe aucun qui ne fasse partie du tout, il suffit d'en choisir un quelconque, qui constituera le trait d'union avec l'ensemble.

L'EAU

Il faut, pour commencer, choisir un élément qui soit grand, même quantitativement, parce que, si un élément est largement représenté, c'est que sa fonction est importante. Ainsi, l'eau est un des éléments les plus grandioses de la terre. Disons d'abord que beaucoup d'animaux vivent dans l'eau, surtout dans les océans, et que ces animaux présentent eux-mêmes beaucoup d'intérêt ; et comme l'imagination ne pourrait jamais suffire à donner une idée du nombre de ces animaux, le système décimal, grâce auquel on peut construire des nombres énormes, viendra en aide ; et les mathématiques arrivent ainsi au secours de l'imagination.

Pour donner une idée de ces quantités, on peut dire que certains poissons déposent chaque année 70×10^4 d'œufs ; et l'on peut ajouter que d'autres animaux, minuscules, existent en si grand nombre que le plus grand nombre que pourrait écrire un enfant n'en approche pas. Montrez ces animalcules au microscope et dites que, quelquefois, leur ensemble arrive à former une grande tache sur la mer ; une tache si grande qu'un navire mettrait six jours à la contourner ; l'esprit viendra ainsi apporter à l'imagination une aide plus réelle que si l'on disait tout simplement : « Cette quantité est très grande, elle est immense »...

Faisons remarquer que les êtres qui vivent sur la terre ne se trouvent que sur sa surface, tandis que ceux dont nous venons de parler se trouvent dans toute la profondeur de l'eau, dont la profondeur, souvent, serait capable de contenir les plus hautes montagnes ; et cela aidera à donner une idée du rapport existant entre les êtres qui vivent sur la terre et ceux qui vivent dans les mers. D'autant que, sur la terre, se trouvent les déserts, à peu près inhabités, alors que l'eau des mers regorge presque partout de ces animaux.

Qu'est-ce qui maintient l'hygiène dans ce monde? Si l'on examine l'eau, on la trouve toujours composée de la même manière ; cette composition peut se déterminer exactement, mathématiquement. Et depuis combien de temps l'eau est-elle ainsi composée? Sans doute depuis toujours, et pour toujours. Pourquoi? Si elle changeait, même de façon infime, tous les êtres vivants qui s'y trouvent mourraient.

Et voilà accroché le problème vital de l'eau.

* * *

SUBDIVISION DE L'ÉTUDE DE L'EAU

L'eau offre un grand intérêt. Il faut que nous la connaissions. Elle emprunte, comme presque tous les corps, trois états physiques : solide, liquide et gazeux. Mettons-y bien l'accent, parce que l'eau se présente à nous sous ces trois aspects plus communément que les autres et même, à l'état solide, elle prend, comme à plaisir, semble-t-il, des formes variées (neige, glace). Nous pouvons provoquer ses trois formes au moyen de la chaleur (en la refroidissant ou en la chauffant) ; mais, puisque ses transformations sont si faciles à obtenir, n'est-il pas logique de la prendre comme étalon-mesure ? C'est bien pour cela qu'elle nous sert à mesurer la température, et nous disons : « 0° c'est le point auquel l'eau se transforme en glace ; 100° c'est le point auquel l'eau se transforme en vapeur ; l'intervalle entre ces deux degrés se divise en 100 parties égales, et nous avons les degrés centigrades. »

Nous pouvons pratiquement voir l'eau se transformer en vapeur. Ainsi transformée, elle est beaucoup plus légère que lorsqu'elle était froide ; elle a cela de commun avec les autres corps. Seulement, pour elle, cela n'est exact qu'à partir de 4° au dessus de 0. En effet, au dessous de 4°, elle redevient plus légère. C'est là une particularité propre à l'eau ; et c'est pour cette raison que, à l'intérieur de la pierre dans laquelle elle a pénétré à l'état liquide elle augmente de volume en refroidissant et la fait éclater, comme elle fait éclater les tuyaux de calorifère. Ces incidents se produisent constamment dans la nature. Aussi, l'eau poursuit-elle continuellement son labeur.

Ce phénomène constitue une bénédiction pour les êtres qui vivent au sein de l'eau, car si elle était lourde, elle les écraserait tous en se solidifiant, tandis qu'elle devient pour eux, au contraire, une véritable protection. Remarquons que les lois de la Nature ne sont pas absolues : il est besoin que l'eau, en se solidifiant, devienne plus légère, et cela se produit à l'encontre de toutes les lois. Si l'eau était un animal, on pourrait dire qu'il a agi ainsi par adaptation. Les phénomènes de la Nature sont toujours instructifs si on les examine sans préjugés.

Quand on introduit des substances solides dans l'eau, seule l'eau s'évapore, laissant séparées les substances solides. C'est ainsi que l'eau des mers évaporée forme des nuages au-dessus de la terre, et puis retombe en pluie. Mais les corps solides qui s'y trouvaient restent dans la mer. Les nuages offrent d'ailleurs un grand attrait : leur magnificence éveille l'intérêt, et l'état particulier dans lequel se trouve l'eau qui n'est plus liquide excite la curiosité.

Abordons l'étude de l'eau à l'état liquide par le problème des fleuves qui charrient à la mer les substances solides en suspens dans leurs eaux. Les eaux des fleuves sont, en effet, abondamment chargées de sels. Là encore, les mathématiques apportent leur concours à l'imagination : dire que les fleuves charrient une énorme quantité de sels, c'est bien. Mais dire que le Mississipi, à lui seul, jette à la mer 70 millions de kilogrammes par jour de calcaire et que tous les autres fleuves en font autant en proportion, cela fait aussitôt surgir autant de questions « Où donc va échouer tout ce calcaire ? — Et depuis quand cela se passe-t-il ainsi ? — Et comment se fait-il que l'eau de la mer ne soit pas saturée de tout ce sel ? — Comment a-t-elle pu conserver cette composition exacte qui permet aux poissons d'y vivre ? — Que se passe-t-il ? Disparaît-il ? — Est-ce un miracle ? » Non ; un phénomène intervient qui permet à la terre de continuer d'exister. Et quand nous voyons nos navires voguer sur les océans, ramenons notre pensée vers cette eau dans laquelle se poursuit un travail continuel pour maintenir sa composition intacte[1].

L'idée est lancée. Tout se tient et, quand on part d'un détail, on arrive, par corrélation, au tout.

✻✻

L'eau est, en outre, un solvant ; certaines substances se dissolvent dans l'eau et, quand elles sont dissoutes, elles disparaissent à la vue (par exemple, le sucre).

La grande fonction cosmique de l'eau est de dissoudre la pierre ; elle en dissout, en effet, des masses immenses, des montagnes hautes de milliers de mètres, que nous aurions pu imaginer être les éléments les plus durables de la terre.

Cette partie de l'étude de l'eau, la plus mystérieuse, parce que celle que l'œil ne voit pas exercer cette fonction est, précisément, celle qui suscite le plus d'intérêt. Expliquons donc que l'eau dissout le calcaire contenu dans la pierre. Cette curieuse fonction donne une idée de l'immense quantité de calcaire existant à la surface de la terre.

---

1. Le principe de la théorie cosmique a été inspiré par un livre bien connu en Italie : *Aqua ed aria*, du célèbre géologue Antonio Stoppani.

Pour nous rendre compte de ce que représenterait ce calcaire, comparons-le à un prisme ayant deux fois la surface de l'Europe, et haut de 10.000 pieds. Ces données précises aident l'imagination.

Voyons maintenant le fonctionnement : l'eau s'empare du calcaire, l'absorbe et l'entraîne ; si nous ne la voyons pas faire, c'est que l'eau met longtemps à accomplir ce travail et que nous sommes habitués à ne percevoir que le travail du moment. Mais quantité d'expériences permettent de constater cette action de l'eau. Ainsi, les petits trous que l'on remarque sur les monuments anciens ; les pavés des jardins sont tout grelés, etc... Nous reviendrons d'ailleurs sur ce sujet quand nous parlerons de l'action de l'eau sur la terre.

Cette eau, grand sculpteur des rochers, charrie des substances, entre autres moyens, grâce aux fleuves. Et si nous voulons donner une idée de l'étendue des fleuves sur la terre, nul besoin de nous appesantir : jetons un coup d'œil sur la carte : nous y verrons qu'un seul fleuve couvre — à lui seul avec ses affluents — une vaste superficie de la terre. Les enfants sont impressionnés par ces grands fleuves qui recueillent l'eau de toutes les parties du monde, et qui l'apportent à la mer avec toutes les substances dissoutes. Il faut donner beaucoup de représentations de ces fleuves ; on n'a pas encore besoin de nommer les affluents, mais leur vue stimule l'imagination.

Faisons maintenant observer que tous les grands fleuves de la terre déversent leurs eaux et leur sel en un seul océan : l'Océan Atlantique, soit directement, soit par l'intermédiaire d'autres mers (Océan Glacial Arctique, Méditerranée, etc...) qui sont toujours en communication avec l'Atlantique. Et si quelques grands fleuves se jettent ailleurs, dans le Pacifique, par exemple, de petites îles se forment à leur embouchure, barrières destinées à protéger l'Océan Pacifique. C'est-à-dire que l'on peut considérer l'Atlantique comme le collecteur de toutes ces substances.

Nous avons dit l'immense quantité de sels que le Mississipi apporte, à lui seul, à la mer ; il en est ainsi de tous les autres fleuves ; l'eau se transforme ensuite en vapeur, mais abandonne les substances qu'elle a charriées. Cette eau destructrice, cet ouvrier si léger, si frais, fait tout tranquillement son travail : une grande quantité de substances calcaires reste en dépôt au fond de la mer ; et, puisque l'Atlantique, jusqu'à présent, n'a pas été comblé, c'est que ces substances se sont distribuées dans toutes les autres mers ; ce phénomène de distribution constitue une autre branche, qui pourrait, en partie, être comprise dans la géographie physique (par exemple les courants des mers). Nous en reparlerons.

Ce qui est vraiment impressionnant, c'est que tout ce calcaire, apporté à la mer durant des centaines de milliers d'années, n'a en rien changé la composition de l'eau ; et la vie de tous les êtres qui vivent dans la mer en dépend. Le problème cosmique consiste donc à faire évacuer tout ce carbonate de chaux pour que l'eau demeure inchangée. Mais comment faire pour éliminer ce qui est dissous ? Impossible de faire bouillir l'eau de la mer ! Alors, c'est là qu'intervient, à l'intérieur même de la mer, une autre force active : c'est une énergie qui se charge de fixer toute la substance dissoute. Et cette énergie, c'est la Vie. Il existe, en effet des animaux vivants qui fixent ce carbonate de calcium.

Il existe donc toujours, d'une part, des forces physiques destructrices et, d'autre part, des forces de vie reconstructrices. De temps immémoriaux, des animaux ont existé pour exercer cette fonction : ce sont ceux qui s'habillent de coquillages, et qui constituent une véritable force chargée de s'emparer du carbonate de calcium en excédent et de le fixer.

✶ ✶ ✶

L'étude des coquillages aquatiques est très intéressante pour les enfants : il existe des coquillages si grands qu'une seule de leurs valves pèse 300 kilogrammes ; il en existe de minuscules, de microscopiques : les foraminifères, par exemple, dont on peut faire observer des fragments au microscope, sont des êtres invisibles, unicellulaires, qui constituent une espèce de poussière comparable au sable du désert ; et cette poussière, en s'amassant, forme des dépôts calcaires.

Les animaux qui, dans ce domaine, détiennent la fonction la plus importante, sont les coraux ; les coraux ont cette particularité d'être fixes ; tout en absorbant le calcaire, ils se multiplient et croissent jusqu'à affleurer à la surface, formant des îles, de vastes régions. En indiquant d'une part l'existence des fleuves sur la terre et, de l'autre, celle des formations coralliines, on découvre que ces puissances ont un rapport entre elles : l'une représentant les forces qui détruisent, l'autre, les énergies qui, simultanément, reconstruisent.

La quantité même des îles coralliennes est un point intéressant à signaler : ce sont des continents qui disparaissent tandis que d'autres se créent. On connaît bien ces îles, aujourd'hui, et l'on s'aperçoit qu'elles forment, dans le Pacifique, un continent comparable à l'Asie. Ce qui est curieux, c'est que toutes ces constructions se situent dans l'Océan Pacifique, et non dans l'Atlantique où, pourtant, les fleuves apportent les matériaux. Voyons pourquoi.

On sait que les coraux ont besoin du calme et de la pureté de l'eau dans laquelle ils vivent. Or, le dépôt des matériaux qui leur sont nécessaires se trouve dans l'Atlantique ; et ce sont des êtres qui vivent très loin de là qui utilisent ce dépôt. On peut établir un parallèle avec ce qui se passe dans l'industrie (la production se fait en un endroit et, bien loin, les hommes utilisent, au calme, ces produits). C'est une organisation merveilleuse qui comporte d'une part la production ou le dépôt dans un endroit tumultueux et, ailleurs, la consommation avec la reconstruction. Qui donc transporte au loin ces substances vers ces coraux qui ne peuvent se mouvoir ? Il doit exister des moyens de communication et de distribution d'importances différentes (précisément comme pour la distribution et le transport des produits industriels). Et l'on commence à percevoir l'organisation vivante, mystérieuse en soi, mais simple à comprendre : nous abordons la *géographie physique*, la *zoologie*, pour expliquer la fonction de la vie dans l'univers; la *minéralogie* et aussi certains principes de *physique* dans la propriété de l'eau, et encore des éléments de *chimie*, pour expliquer comment l'eau peut détruire les roches.

Tous ces éléments font partie d'un ensemble, passionnant comme une histoire : ils vont nous raconter l'Histoire de la Terre.

*
* *

On donne souvent une classification des coquillages aux enfants ; mais il s'en trouve une telle quantité de variétés, aux noms si difficiles, que l'on ne semble pas considérer cette étude comme assez importante pour l'imposer. Or, ce qu'il faudrait apporter tout de suite aux enfants, ce n'est pas la description de tous ces coquillages — monovalves, bivalves, etc. — mais bien la notion de l'immense variété de formes que peut adopter la nature ; c'est cela qui frappe l'imagination ; et aussi l'habileté esthétique de ces êtres qui ne se couvrent pas d'une coquille seulement pour se couvrir, mais qui donnent à cette coquille des formes variées, l'ornant des dessins les plus divers, chaque espèce étant différente des autres, aussi bien que l'homme ne construit pas sa maison avec le seul souci de s'abriter ; attirons l'attention de l'enfant sur l'œuvre de la vie ; c'est cela qui est important. Si ces animaux jouissaient d'une intelligence et décernaient un but à leur travail, sans doute penseraient-ils : « Nous travaillons pour maintenir pure l'eau des océans ; et nous nous donnons

beaucoup de mal pour enlever tout ce carbonate
de calcium qui, sans nous, provoquerait la mort
de tous les habitants des mers. » Mais ils ne
pourraient pas imaginer qu'ils sont les construc-
teurs de terres nouvelles, de nouvelles chaînes
de montagnes, et que ce sont eux qui forment,
là-bas, des îles sur lesquelles de nouvelles créations viendront s'établir. Le but réel des êtres
vivants est, en effet, trop éloigné de celui qui
leur apparaît : il semblerait, à première vue,
que leur fonction fût de chercher les meilleures,
les plus heureuses conditions d'existence : les
coraux pourraient donc passer pour des jouisseurs.
Il est curieux, en effet, de voir comme ils ont
la prétention de bien vivre : en recherchant une
certaine chaleur, ils s'assurent une eau qui
contient beaucoup de chlore, et ils demeurent
en des lieux purs (comme nous, quand nous
allons vivre à la campagne), éloignés de ces
choses troublantes et souillées que sont les
fleuves arrivant des terres. Et peu leur importe
que les fleuves soient ceux qui amènent les
matériaux dont ils se servent ; ils cherchent à
être le plus loin d'eux possible, dans des sites
splendides, tempérés et sains : ils veulent vivre
avec hygiène. Mais leur travail — qui est essentiel — consiste à absorber cette eau, à s'en
approprier le carbonate de calcium et à la
restituer purifiée : et tous les êtres sécréteurs

ont le même but. La quantité d'eau absorbée par eux est considérable ; elle équivaut, en proportions, à l'absorption par un homme de 30 litres d'eau à la seconde.

Les coraux fournissent un travail si considérable qu'il leur faut une aide : il existe donc de petites algues qui travaillent constamment à leur fournir de l'oxygène ; on peut comparer ces coraux à des seigneurs qui auraient des serviteurs. Il semble que nous soyons en face de contes fantastiques, et pourtant, ce ne sont que des réalités ; mais des réalités qui doivent satisfaire l'imagination.

Ces coraux restant fixés, il faut que quelqu'un leur apporte le carbonate de calcium dont ils ont tant besoin. Nous découvrons alors une vaste organisation de communication (chapitre important, qui correspond, dans la société humaine, à celui des moyens de communications commerciaux). Et l'on en arrive aux courants marins et sous-marins. Regardons-les sur une carte : ils constituent les communications entre deux mers.

Ce mouvement de l'eau, assez compliqué, dépend d'un grand nombre de facteurs (dont beaucoup sont cosmiques). Mais les courants ne suffiraient pas à créer le mouvement nécessaire au carbonate de calcium pour qu'il afflue vers les animaux sécréteurs ; il faut donc considérer aussi le mouvement des animaux eux-mêmes. Et l'intérêt se porte aussitôt vers ces animaux supérieurs que sont les poissons, aux variétés infinies, mais dont le type général peut se définir ainsi : deux grandes masses de muscles qui se meuvent ainsi qu'une cuillère remuant du sucre au fond de l'eau sans jamais s'arrêter.

On peut alors considérer deux grands groupes d'animaux : les animaux sécréteurs et lourds, qui restent au fond de l'eau sans se mouvoir, ou presque, et les poissons, qui se meuvent continuellement ; leur squelette léger, qui suffit tout juste à soutenir ces muscles en mouvement.

Cette infinie variété de poissons forme un groupe aux relations sociales particulières. Étudions alors la *vie des poissons dans les mers*.

Cette vie est très intéressante, et ce qui l'est encore davantage, c'est ce mouvement perpétuel, dont la mission cosmique est de remuer l'eau. Et comme ce mouvement rend plaisante la vie du poisson! (« Heureux et libre comme un poisson dans l'eau »). Il est à remarquer que la réalisation d'un grand labeur apporte la félicité aux êtres vivants qui en sont chargés. Mais à peine a-t-on exprimé cette idée que la logique en saute aux yeux : pour accomplir un grand travail, il faut, en effet, être placé dans les meilleures conditions possibles.

*⋆⋆⋆

Étudier les différents *courants des mers*, c'est difficile ; mais regarder leur dessin sur la carte, c'est facile ; et l'on peut dire aux enfants qu'il existe des fleuves immenses, non seulement sur la terre, mais aussi dans les mers.

Comment peut-il y avoir des courants d'eau dans l'eau ? Car la mer est sillonnée de courants ; on pourrait se livrer à une espèce d'anatomie de l'océan pour connaître exactement l'itinéraire de ces courants.

L'eau de la mer a, elle aussi, ses lois exactes, éternelles ; un courant va toujours dans un sens, et un autre courant dans un autre sens. Et l'étude de ces courants révèle l'existence de ceux qui se trouvent en profondeur. Il existe, à la base, des facteurs extérieurs, (tels que la température, le soleil, les attractions du soleil et de la lune) ; et, à l'intérieur, c'est tout le travail des animaux, qui attirent l'eau de haut en bas, et la rejettent ensuite de bas en haut. Aussi peut-on faire comparer cette circulation avec celle du sang dans le corps animal : le sang impur va aux poumons, s'y purifie, et revient pur : de même, ces animaux secréteurs dont nous avons parlé représentent les poumons de l'océan : ils purgent l'eau du carbonate de calcium qu'elle contient et cela sans arrêt. Cette fonction se poursuit donc sur une grande échelle, et comme si la terre était une personne vivante ; cette notion, qui reste indéterminée dans l'imagination de l'enfant, mais qui correspond à la réalité, fait que chacun des détails étudié par la suite, l'amène à se reporter à cette vue d'ensemble. Alors, la connaissance, en apportant ses déterminations, rayonne comme d'un centre, ainsi qu'une semence qui se développe peu à peu.

L'étude des courants en surface nous amène à la *géographie*. Ces courants, rouges sur la carte quand ils sont chauds, bleus, quand ils sont froids, sont facilement repérés par l'enfant. On peut aider son imagination en lui disant que chacun de ces courants représente un fleuve énorme, dont la quantité d'eau correspond à un millier de Mississipis et de Rios des Amazones réunis. Suivons, par exemple, le courant équatorial depuis le Golfe du Mexique : quand il se partage, l'une de ses branches forme le Gulf Stream, et l'autre revient en partie jusqu'à boucler la boucle. On peut comparer le mouvement des courants à des exercices de la vie pratique : ainsi, quand on balaye une chambre, on accumule toute la poussière dans un coin avant de l'enlever. Ici, le carbonate de calcium disparaît. Or, à l'extrémité de cette boucle se trouve, en effet, un collecteur, qui est la Mer des Sargasses.

Puisqu'il existe un mouvement circulaire formé par les courants, on conçoit que les objets se trouvant sur la circonférence fuient par la tangente : ces objets sont emportés par la force centrifuge (par exemple des morceaux de bois, même de grands morceaux, et même des arbres entiers) et les chemins qu'ils empruntent sont toujours les mêmes. Cette eau laborieuse transporte toujours les détritus aux mêmes endroits, et c'est pour cela que, bien qu'aucune végétation ne pousse dans les régions des glaces, on trouve quantité de morceaux de bois, qui permettent aux habitants de construire des villes entières, et de se chauffer. Ce sont là des anecdotes aussi intéressantes pour les enfants que des contes.

Gardons encore un instant les yeux sur cette carte des courants ; il faut laisser aux enfants les choses assez longtemps, afin d'attirer leur attention ; et puisque, d'instinct, ils assimilent l'ambiance, ils assimilent en même temps ce que nous y avons mis. Chacun d'eux se livre au travail qu'il a choisi. Mais la carte reste là. Elle l'intéresse. Remarquons que, dans le Pacifique, tous les courants sont parallèles, là où l'ambiance est chaude ; au contraire, ailleurs, les courants sont tortueux.

De l'observation visuelle de ces courants, on peut conclure que l'eau froide est plus dense et coule, tandis que l'eau chaude, plus légère, monte ; d'autre part, que l'eau, purifiée de son calcaire, est plus légère que celle qui ne l'est pas encore, et qu'elle remonte à la surface.

L'anecdote de la bouteille contenant un billet, lancée à la mer par un naufragé à l'extrémité du Cap Horn et retrouvée en Irlande, est une démonstration de la course de l'eau.

Certes, on aimerait pouvoir pénétrer les mystères et la majesté que cette eau porte en elle. Et c'est ainsi que naît le désir de la célébrer en vers. Sa façon même d'agir, son but intelligent, sa mission grandiose, font pressentir sa maternité. N'est-elle pas, en effet, la mère de tous ces êtres vivants, agents de la Création ? St François d'Assise l'avait bien compris quand, dans un élan d'amour fraternel pour les éléments, il avait célébré « Sœur Eau, qui est bien utile et humble et précieuse... ». Elle est aimée de tous, car tous les êtres vivants sont altérés, tant animaux que plantes, qui ne pourraient vivre sans elle. Comment n'aurions-nous pour elle de l'admiration et de la reconnaissance et aussi le désir de la connaître? L'étude de l'eau peut donc devenir passionnante, et les précisions qu'apportera la connaissance directe éclaireront cette étude.

Regardons maintenant l'eau d'un point de vue différent. Nous avons déjà parlé à l'enfant de sa propriété dissolvante et nous avons vu que sa grande fonction cosmique était de dissoudre la pierre. Nous considérons donc l'eau comme un dissolvant ; c'est là quelque chose de précis. Envisageons maintenant le mécanisme de cette propriété, ce qui nous amène tout naturellement à la *chimie*.

Disons que l'eau, en sa qualité de « solvant », entre dans une « solution » ; et montrons que ce pouvoir de dissolution a des limites bien définies, que l'on peut mesurer ; ici intervient à nouveau le facteur mathématique. De l'eau qui reste à la surface, nous dirons qu'elle est « saturée », et que le surplus forme un « dépôt ». Mêlons ensuite à l'eau une autre substance très connue, l'amidon, et montrons que, même en moindre quantité, l'amidon n'est pas soluble ; il se mélange, mais ne se dissout jamais ; disons alors que cet amidon reste « en suspension », et voilà encore un autre terme précis. Mettons ensuite un caillou dans l'eau et nous verrons que le caillou ne se dissout pas.

L'eau est pourtant le solvant par excellence. Il y a bien certaines substances qu'elle ne dissout pas, mais ce qui est curieux, c'est que l'eau hospitalise passivement celles qu'elle dissout. Or, c'est de la pierre qu'elle est le plus insatiable, et elle ne cesse jamais de la dévorer. Elle court à sa recherche dans les profondeurs de la terre.

Alors, comment se fait-il que la pierre que nous mettons dans l'eau ne se dissolve pas? Quel est donc ce mystère? C'est qu'il y a là quelque chose d'un peu différent qui nécessite une explication complémentaire : non seulement l'eau dissout les substances solides, mais elle dissout aussi certains gaz, en particulier l'anhydride carbonique; ce gaz est émis par tous les animaux et par la terre elle-même qui en émet continuellement. Or l'eau, pour avoir une action sur la pierre, doit être chargée de ce gaz en subsistance dans l'océan.

Comme l'eau ne peut, à elle seule, entraîner la pierre, elle la transforme, auparavant, au moyen de ce gaz, c'est-à-dire qu'elle la rend friable; ensuite, elle l'entraîne.

Ces transformations sont différentes de celles que l'on obtient au moyen d'une simple solution, ainsi qu'on l'apprend en chimie; l'eau opère donc sur la pierre une action à la fois physique et chimique.

Montrons alors une bouteille d'eau qui peut contenir sous pression une grande quantité d'anhydride carbonique, c'est-à-dire une solution sursaturée d'acide carbonique. L'eau qui pénètre dans la terre peut contenir, elle aussi, une très grande quantité de ce gaz, précisément parce qu'elle est sous pression; c'est ce qui se passe quand elle creuse, sous terre, des galeries et des puits ; mais quand cette eau sort de terre, elle restitue tout le surplus de carbonate de calcium qu'elle contenait sous pression, et c'est alors que se produisent à la surface de la terre de grandes formations minérales. Le tuf et le travertin en sont deux exemples, tout comme la bouteille sous pression qui laisse échapper l'anhydride carbonique dès qu'on retire le bouchon et que la pression baisse.

Et voilà donc que l'eau s'en est allée sous terre se charger de pierre qu'elle entraîne et qu'elle déposera à la surface. Cette pierre y formera des constructions, tel un véritable maçon.

L'eau est donc active, gourmande, capable de contenir une énorme quantité de ce gaz dont elle est avide, et qui est son collaborateur dans cette œuvre importante qui consiste à dévorer la pierre : voilà pourquoi, pendant les fortes pluies, l'eau qui tombe, plus chargée d'anhydride carbonique qu'elle ne l'était à l'état de vapeur d'eau, laisse des traces sur la pierre.

QUELQUES EXPÉRIENCES DE CHIMIE

Nous avons apporté, en examinant la carte des courants, la notion qu'il existe des liquides plus lourds que d'autres, et que les liquides plus légers restent superposés aux lourds. Donnons ici quelques déterminations au moyen d'exercices qui enseigneront des termes techniques ou scientifiques, même sans connexion avec ceux qui servent pour les courants. Ce sont des exercices parallèles à ceux de la vie pratique grâce auxquels les petits enfants ont appris à avoir des mouvements précis. De même, l'usage d'éprouvettes et d'entonnoirs constitue un nouveau travail manuel pour ce stade nouveau. Certaines manipulations sont comparables à celles auxquelles se livrait l'enfant quand il versait de l'eau dans un verre. Mais ici, il faut plus de soin encore, le vase étant plus petit.

Versons donc dans un tube à essais des liquides de poids différents — et ici nous introduisons le mot « poids spécifique ». Le meilleur moyen de comprendre ce mot est de voir se superposer les différents liquides ; au fond du tube, nous avons du mercure; nous versons dessus de l'eau, puis de l'huile, et enfin de l'alcool méthylique. Pour mieux les reconnaître, colorons différemment tous ces liquides.

Voici maintenant deux tubes à essais : dans l'un, nous mettons de l'eau et du sucre cristallisé, et dans l'autre de l'eau et de l'amidon.

Notre sucre cristallisé se dissout lentement; on pourrait douter de sa solubilité dans l'eau; mais si nous chauffons, tout le sucre disparaît bientôt. Au lieu d'une *solution à froid*, nous obtenons une *solution à chaud*.

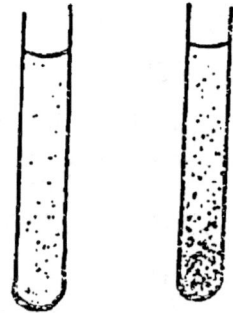

Cette manipulation, très attrayante pour les petits enfants, leur demande pourtant une certaine attention; et nous leur apportons ainsi une connaissance pratique — à savoir que le sucre cristallisé, soluble dans l'eau chaude, ne l'est pas dans l'eau froide — en même temps que nous éduquons leur patience.

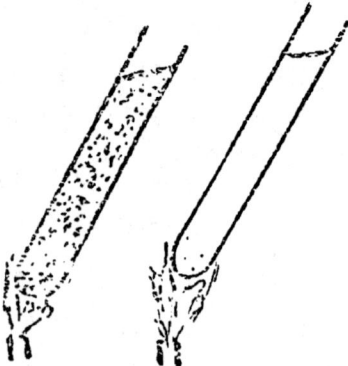

Quant à notre amidon, il n'est toujours pas dissous, même si nous agitons notre tube ; il rend l'eau opaque : il est « en suspension ».

Donc, une solution peut être colorée, mais rester transparente, tandis que si le liquide contient une matière en suspension, il devient opaque. Les deux éprouvettes préparées le démontrent clairement.

Prenons maintenant une solution bleue de sulfate de cuivre et d'eau, et cherchons s'il est possible de libérer l'eau de cette substance. Pour filtrer, voyons d'abord comment préparer un filtre dans un entonnoir, comment lier le papier, comment prendre les mesures afin d'éviter que le papier soit trop grand pour l'entonnoir, puisque le filtre doit rester au-dessous du niveau de l'entonnoir. Pour que notre expérience soit frappante, filtrons d'abord l'eau qui contient l'amidon. Nous la verrons redevenir limpide ; et nous aurons ainsi démontré la facilité avec laquelle l'eau peut se libérer d'une matière qu'elle contient en suspension. Livrons-nous maintenant à la même opération avec la solution de sulfate de cuivre. Nous constaterons que l'eau, quoique filtrée, reste colorée, c'est-à-dire que cette solution constitue un liquide qui est devenu lui-même une substance nouvelle.

Nous avons vu que si, en filtrant un liquide dans lequel se trouve une substance en suspension ce liquide redevient clair, on n'enlève pourtant pas la substance qui s'y trouvait en suspension. Pour l'enlever, il faut faire subir au liquide une autre opération : il faut la faire bouillir. Si nous n'avons pas l'appareil nécessaire à la distillation, nous ne pouvons pas retrouver de l'eau pure ; mais nous pouvons voir ce qui reste de la substance dissoute dans l'eau quand nous avons fait évaporer l'eau. Cette opération s'appelle la « calcination ». Et nous pensons au carbonate de calcium qui reste au fond de la mer après l'évaporation de l'eau.

Par contre, s'il reste un dépôt dans une éprouvette, nous pouvons pratiquement, sinon parfaitement, libérer le liquide du dépôt par la « décantation ». Ces termes nouveaux sont des termes exacts que nous pourrons écrire sur un livre ou sur des fiches séparées en donnant de chacun de ces termes son explication.

Faisons remarquer que, pour faire bouillir ces liquides, nous plaçons toujours un grillage entre la flamme et la capsule qu'il faut prendre bien soin de ne pas laisser brûler quand le liquide est entièrement évaporé.

Cette expérience nous démontre que l'eau a disparu sans avoir rien pu entraîner avec elle ; le sulfate de cuivre qui reste est une substance solide, que nous pouvons recueillir et remettre dans de l'eau pour obtenir à nouveau une solution bleue comme la précédente ; ainsi, nous avons pu enlever la substance qui se trouvait primitivement dans l'eau et la remettre dans une autre eau.

Voilà des travaux fort simples, mais qui demandent du temps, parce qu'il faut avoir la patience d'attendre que les liquides se déposent, se dissolvent ou s'évaporent ; il faut, en outre, du calme et de l'attention. Et l'on peut comparer l'effet psychologique obtenu par ces exercices sur les enfants de cet âge à celui qu'apportait la leçon de silence aux plus jeunes. Les petits enfants, eux, retenaient rigoureusement tous leurs mouvements ; ici, les mouvements doivent être mesurés et nécessitent une attention concentrée.

Nous pouvons ensuite indiquer un autre exercice, qui n'est ni compliqué en soi ni difficile à comprendre, mais qui nécessite de la patience, du soin et de la fermeté dans la main. Il s'agit de remplir d'eau une éprouvette ; quand l'éprouvette est pleine jusqu'au bord, on s'aperçoit, en l'observant bien, que la surface de l'eau est concave, parce que l'eau adhère au verre. Nous appelerons cette union la « cohésion ». La difficulté est d'ajouter encore un peu d'eau dans cette éprouvette déjà pleine. On verra alors la surface de l'eau devenir convexe. Ce phénomène est dû à la forte puissance de cohésion de l'eau même ; et c'est pour cette raison que l'eau en tombant prend la forme de gouttes, c'est-à-dire une forme sphérique. La goutte est à la fois convexe et concave.

Nous pouvons aussi rappeler aux enfants comment se forment les stalactites et les stalagmites : ce sont toutes choses qui fixent leur attention sur l'eau.

Amenons-les maintenant à découvrir, au moyen de l'expérience, le principe des vases communicants.

Prenons une éprouvette en «U» et expliquons que l'eau peut sortir de terre parce qu'elle cherche à se mettre au même niveau qu'une nappe d'eau qui est sous la terre. Beaucoup de sources sont dues à ce phénomène. Aussi pour utiliser, sur une colline, l'eau qui se trouve à la même altitude sur une autre colline, il suffit de mettre les deux collines en communication ; si les Romains avaient connu ce principe, ils n'auraient pas construit ces immenses aqueducs qui font notre admiration ; il leur eût suffi de créer une communication d'un point à un autre.

Par ailleurs, faisons remarquer que la surface des liquides constitue un plan horizontal. Pour le démontrer, empruntons un tube en forme de « V ». Dans le bras oblique, la surface a la forme d'une ellipse ; dans l'autre, tenu verticalement, elle a la forme d'un cercle. C'est la preuve que la surface du liquide reste toujours dans la position horizontale. Et elle suffit, si le liquide est au repos absolu, à stabiliser la position horizontale. De toutes ces démonstrations surgissent des principes qui permettent d'apporter, par la suite, des déterminations mathématiques en abordant l'étude des instruments scientifiques.

₊₊

Parlons maintenant de la *composition chimique* de l'eau ; il faut que l'enfant sache quelque chose de cette science qui a pris, de nos jours, une telle importance. On ne peut encore lui apporter ni de grandes théories ni la science exacte de la chimie ; ce sera pour plus tard ; mais il est à cet âge où il doit simplement recevoir la semence qui germera par la suite ; il lui faut une impression, une idée qui, surtout, éveille un intérêt ; s'il acquiert cet intérêt, il sera capable, par la suite, d'étudier et de comprendre rapidement ces matières. Si l'intérêt n'est pas éveillé, ces sciences qui ont atteint un tel développement, et qui ont eu tant d'influence sur la civilisation actuelle, paraîtront obscures.

Il faut donc chercher tout ce qui peut être accessible à l'esprit de l'enfant pour créer des bases. C'est-à-dire qu'il faut, avant d'apporter la science, semer quelques impressions. Il nous faut, là encore, recourir d'abord à l'imagination afin de créer ces impressions et d'arriver, peu à peu, à quelques déterminations. Il nous faut, pour cela, chercher des symboles accessibles à l'enfant, amorcer cette logique primitive qui le fait raisonner. Rien ne peut, mieux que la science, parler à son imagination, parce qu'il s'y trouve une espèce de magie ; ainsi, le fait qu'un corps, associé à un autre corps — comme c'est le cas pour l'eau — en forme un troisième, pour ainsi dire invisible, donne vraiment une impression de magie. Et l'esprit s'éveille devant la création qui surgit.

Cet hydrogène, ce gaz léger, invisible, qui cherche à s'échapper, et l'oxygène, cet autre gaz, toujours en subsistance dans l'air, que nous ne voyons jamais, mais dont nous avons tant besoin, et dont les enfants ont toujours entendu parler, tous nous le respirons, même les poissons dans l'eau. Cet oxygène est un gaz surprenant : c'est à cause de lui que les choses brûlent.

L'air est composé de cet oxygène — en quantité quatre fois supérieure à un autre gaz, l'azote, qui le modère ; sans lui, l'oxygène brûlerait tout ; nous connaissons cet azote ; souvent nous entendons parler des substances azotées. Pendant la guerre, l'Allemagne se servait de l'azote de l'air pour obtenir des explosifs. Il est curieux de remarquer que l'un des gaz qui composent l'air brûle et que l'autre explose. En outre, l'oxygène uni à l'hydrogène donne l'eau.

LE CARBONE DANS LA NATURE

L'air pur que nous respirons se trouve souillé par l'anhydride carbonique qu'émettent les poumons ; or, cet anhydride carbonique est un poison pour nous et pour les animaux ; comment se fait-il que nous ne nous soyons pas tous trouvés un jour asphyxiés ? Voici donc un autre mystère, tout comme celui de l'eau ; il existe un élément qui maintient l'air pur dans les siècles des siècles, et cela depuis les origines.

On peut supposer que seuls existaient, invisibles, l'hydrogène et l'oxygène ; survint une explosion : les cataractes du ciel s'ouvrirent, et voilà l'eau créée. Cette eau est formée de deux parties d'hydrogène pour une d'oxygène. L'eau, qui n'existait pas auparavant, peut avoir été formée brusquement par une étincelle. C'est en effet ainsi qu'il est possible de former de l'eau. Ce sont des expériences qu'il ne faut pas faire trop tôt ; mais on peut expliquer le phénomène tout comme on ferait un récit merveilleux, en expliquant comment cette eau sensible et invisible est formée par deux corps invisibles tous deux.

Et pendant que nous sommes sur le terrain de la création d'un corps, indiquons à l'enfant que la chimie, c'est l'étude des corps nouveaux qui se créent ; donnons pour exemple un morceau de sucre dans un creuset ; versons dessus un liquide qui n'a que l'apparence de l'eau : de l'acide sulfurique. Mélangeons bien les deux corps. Dans l'eau, le sucre se dissoudrait, ici on voit soudain se dégager du creuset un peu de fumée, et nous assistons à la formation, comme par enchantement, d'un corps nouveau : le carbone. Ce sucre qui est blanc est pourtant, en substance, un morceau de charbon. C'est donc que ce charbon, selon les formes et les aspects qu'il emprunte, peut avoir des qualités et des usages différents.

A bien parler, toutes les substances qui brûlent deviennent du charbon : les arbres deviennent du charbon, le rôti oublié sur le feu devient du charbon, nous-mêmes nous sommes du charbon combiné à d'autres corps. Le charbon se trouve épars partout. C'est un corps des plus importants. Alors le désir surgit immanquablement de trouver quelques déterminations de ces éléments. Le petit enfant s'est déjà servi de symboles : les lettres de l'alphabet sont des symboles ; il n'y en a qu'un petit nombre, mais combinées entre elles, elles forment des mots, des poëmes ; les notes de musique sont des symboles représentés par des points ; cette musique nous rend heureux, nous fait chanter, danser. Et pourquoi ne pourrions-nous donc pas symboliser aussi cet autre phénomène, celui de la création ?

***

Ces quatre éléments que nous montrons ainsi représentés sont comme la clef de l'univers.

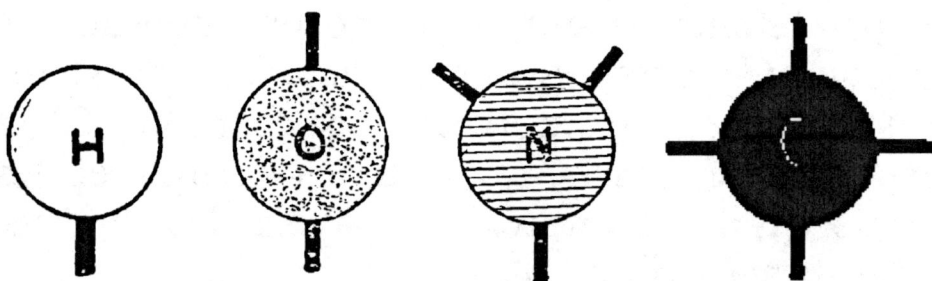

Ils sont faciles à se rappeler parce qu'ils ont 1, 2, 3, 4 lignes. Ils font, en effet, penser à des clefs.

Nous pourrions les représenter sous formes de corps flanqués de bras susceptibles de se saisir entre eux. Ce sont des éléments qui s'embrassent irrésistiblement. Ainsi l'hydrogène embrasse l'oxygène ; et l'oxygène, qui a deux bras, peut saisir deux hydro-gènes ; nous avons l'eau que nous représentons ainsi :

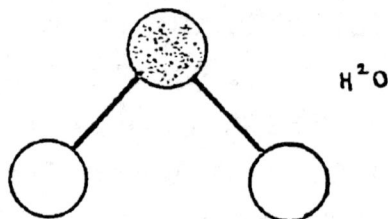

H_2O

Par contre, le carbone, qui a quatre bras, se sert de deux de ses bras pour saisir chacun des deux oxygènes, et il s'unit à eux pour former l'anhydride carbonique, que nous représentons ainsi :

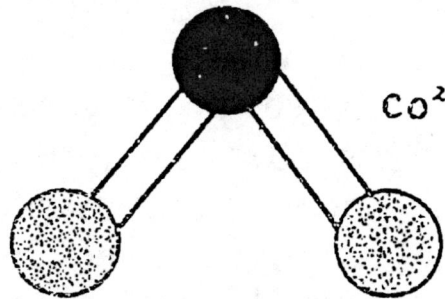

CO^2

Ces deux éléments ont une importance fondamentale ; on pourrait les comparer aux deux moteurs de l'univers.

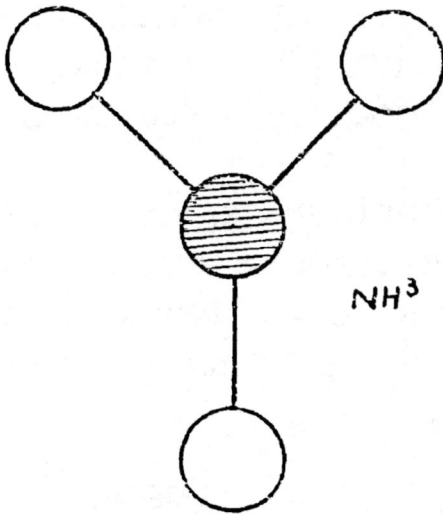

NH^3

L'azote, qui a trois bras, se combine avec trois hydrogènes, et forme un composé assez important : l'ammoniac.

L'ammoniac est la forme ultime que prennent les substances azotées de l'organisme quand elles se décomposent.

Ce qui retient l'attention de l'enfant, c'est la façon dont ces éléments s'unissent. Voici la représentation de l'acide nitrique : comme l'oxygène a deux bras, il lui faut un corps qui occupe ces deux bras. Ainsi, deux des oxygènes se prennent entre eux, et l'autre prend un hydrogène. Il nous est assez difficile de passer de l'ammoniac à l'acide nitrique, mais dans la nature cela se produit constamment ; et cela se produit par l'intermédiaire d'êtres vivants, des microbes, qui ont un pouvoir que nous ne possédons pas : ils séparent les hydrogènes et les remplacent par des oxygènes. Si ces micro-organismes n'existaient pas, la terre s'emplirait d'ammoniac, et les plantes n'auraient plus de nourriture, puisqu'elles se nourrissent des nitrates provenant de l'acide nitrique. Ces micro-organismes contribuent donc à la nutrition des plantes, puisque c'est grâce à eux que se produisent ces transformations chimiques.

Dans l'anhydride carbonique dont nous venons de parler, c'est le carbone qui est la substance principale. Quand nous avons parlé de carbonate de calcium, il était encore question du charbon ; alors, les roches elles-mêmes sont-elles du charbon ? Montrons la formule du carbonate de calcium, et représentons ainsi le calcium :

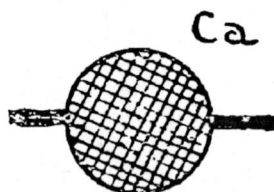

Le carbone qui a quatre bras tient à deux mains le calcium qui en a deux, et de ses deux autres mains tient deux oxygènes, dont chaque main libre tient l'autre oxygène.

CO^3Ca

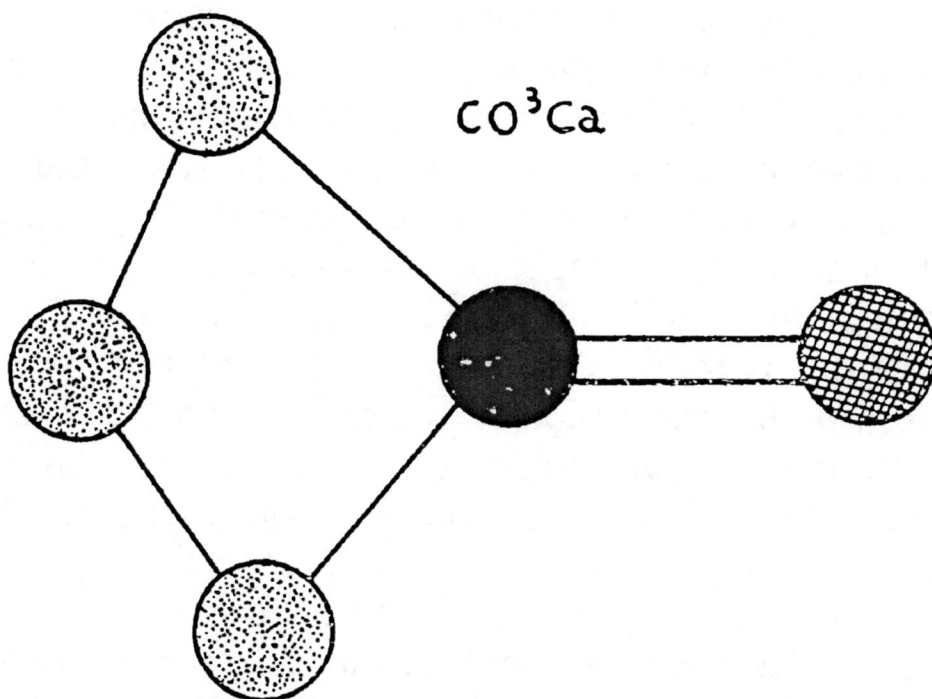

Regardons maintenant la représentation de l'eau ; quand l'eau rappelle le carbonate de calcium, le carbone en profite pour s'échapper avec deux oxygènes, sous la forme d'anhydride carbonique ; la substance qui reste, l'hydrate de calcium, est soluble dans l'eau qui peut l'entraîner avec elle.

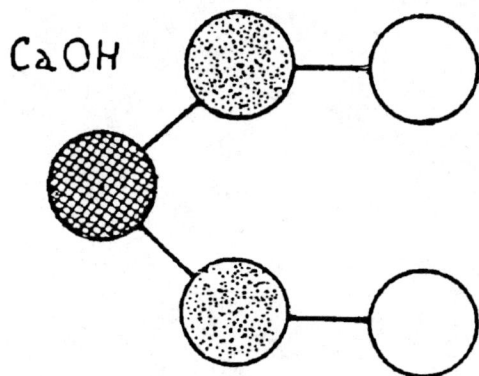

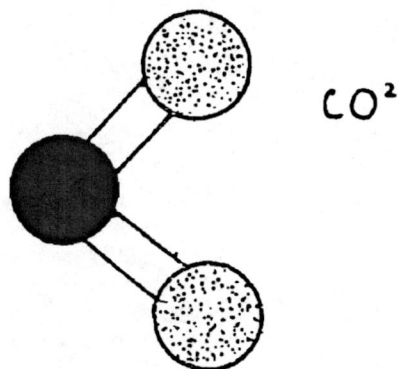

$CaOH$

CO^2

C'est le grand drame de la nature, grâce auquel se décomposent les montagnes et se forment les terres nouvelles : carbone, calcium, hydrogène et oxygène, qui forment deux corps et qui se cherchent continuellement entre eux. Et, en même temps, le contraire se produit également, parce qu'il existe toujours de l'anhydride carbonique dans l'eau ; alors ils se combinent ensemble, et forment à nouveau du carbonate de calcium et de l'eau ; et c'est ainsi que l'eau dissout et recrée continuellement.

Il est intéressant d'assister à ce qui se passe entre tous ces éléments que l'on peut considérer comme les clefs qui commandent le mouvement intime de la nature. Si ces notions sont ainsi apportées avec simplicité, il devient passionnant de savoir ce qui va se passer ; et quand on est familiarisé avec des substances, on se les représente par de simples symboles.

QUELQUES NOTIONS DE
CHIMIE INORGANIQUE

Il faut bien comprendre le point de vue auquel nous nous plaçons pour apporter aux enfants ces embryons de sciences ; il s'agit de leur en donner une présentation sensorielle et imaginative, au moyen de symboles visuels, clairs, permettant de déterminer les détails.

Ce que nous cherchons à susciter chez l'enfant, c'est l'intérêt ; et si nous n'y réussissons pastout de suite, il faut, nous fiant toujours au même principe, présenter les choses dans une certaine ambiance et attendre la réaction. Si l'enthousiasme ne se déclenche pas, ne nous attardons pas : passons. Si l'enthousiasme survient, c'est que nous avons ouvert une porte, nous sommes devant une voie à parcourir avec l'enfant. Mais ce que nous recommandons surtout, c'est de ne pas commencer trop tard ; ainsi, la présentation de la chimie peut se faire à 9 ans ; l'intérêt peut même surgir plus tôt.

Une question que nous nous posons toujours, nous, adultes, c'est de savoir si l'enfant comprendra bien ces problèmes qui nous paraissent déjà si difficiles à nous-mêmes. « Comprendra-t-il les molécules et l'atome ? Que comprendra-t-il de ces formules ? » Il nous semble impossible qu'il suive l'étude de la théorie atomique. Mais ce n'est pas une science que nous voulons apporter à ce moment-là : ce n'est qu'un germe susceptible d'éveiller l'intérêt, et qui ne se développera que plus tard. Nous recommandons avant tout de ne pas donner trop d'explications, mais plutôt de préciser des noms ; voici une anecdote qui illustrera cette recommandation : un enfant demande à son papa pourquoi les feuilles sont vertes. Heureux de saisir cette occasion, le père se lance dans l'explication de la chlorophylle, de l'air, de la lumière, et n'en finit plus. L'enfant l'écoute, poli, mais pense : « Quel malheur d'avoir déclenché cela !... »

Quant à la question de la molécule et de l'atome, nous pouvons l'expliquer ainsi : cherchons la plus petite partie de quelque chose ; par exemple, divisons une figure géométrique en d'autres figures toujours plus petites, jusqu'à ce que nous ne puissions plus aller au-delà. L'atome, c'est la partie d'une substance que l'on ne peut plus diviser. Et voici encore une autre comparaison : « Pour l'humanité, l'atome, c'est l'homme ; si on subdivise l'homme, ce n'est plus un homme ». Et, partant de cet exemple, nous pouvons dire : l'homme et la femme sont deux atomes de l'humanité ; et l'ensemble de l'homme et de la femme, c'est une molécule, c'est-à-dire qu'une molécule est composée de deux parties.

Les enfants ne poseront d'ailleurs pas de ces questions, parce que ce qui les intéresse, c'est la représentation symbolique. Ainsi, ce qui, dans l'eau, plaira aux enfants, c'est que les oxygènes et les hydrogènes désirent rester unis et qu'ils se cherchent, comme à la faveur d'une sympathie. Et de même, le carbone va tout de suite s'unir aux oxygènes pour former l'anhydride carbonique.

L'hydrogène n'a qu'une possibilité de s'unir ; l'oxygène en a deux, etc... C'est pour cela que, ayant 1, 2, 3, 4 bras, il leur faut toujours saisir un autre corps. Si ces atomes étaient seuls, ils s'uniraient entre eux, de façon à toujours être rassasiés. Mais au lieu de parler de leurs « bras », nous pouvons maintenant dire que ces corps ont une valeur 1, 2, 3 ou 4 ; nous les appellerons des « valences », et nous dirons que l'hydrogène a 1 valence, que l'oxygène en a 2, etc.

Il faut avoir le courage de donner le plus possible de noms, et plus ces noms sont difficiles, plus ils sont attrayants pour l'enfant. Alors on peut dire que l'hydrogène est monovalent, que l'oxygène est bivalent, etc. Et il est ainsi plus facile de s'exprimer qu'en disant qu'ils ont 1, 2 ou 3 bras...

Ce n'est pourtant pas en proportion des valences que ces atomes s'unissent ; il leur faut aussi une affinité qui les fait se chercher. On pourrait dire qu'il se trouve en eux un instinct qui les pousse à rechercher l'un plutôt que l'autre ; et c'est dans ce choix que réside le secret, et non dans les valences. C'est pour cela qu'on ne peut jouer avec ces corps ; mais les symboles montrent quelles sont les substances et comment elles se forment. Et l'on est amené à en écrire la formule.

Quand toutes les valences sont saturées, satisfaites, la substance reste stable.

S'il n'y a pas affinité, deux corps ne peuvent s'unir. Ainsi, l'oxygène et l'azote qui, depuis des siècles et des siècles, entrent dans la composition de l'air, ne se sont pas unis. C'est comme s'il existait dans les atomes une force intérieure qui leur donne la possibilité d'un choix. Et l'union correspond au pouvoir des valences ; c'est-à-dire que ce sont des caractères propres qui sont insérés dans ces atomes. Ils sont poussés à choisir, à former un autre corps stable, qui sera un corps nouveau.

La pierre est formée d'oxygène, de carbone et de calcium ; et pourtant, le marbre ni l'albâtre ne sont de l'oxygène, qui d'ailleurs est un gaz, ni du charbon, ni du calcium : c'est une autre matière, une création nouvelle : une pierre.

Tout le créé — l'eau, la pierre — dérive de ces atomes qui se cherchent, qui s'unissent, et qui, ensemble, procèdent à une nouvelle création ; et ce sont toujours les mêmes corps que cherchent ces atomes : les mêmes, et non pas d'autres. Les limites sont régies par des lois ; et tous ces détails de la création constituent un merveilleux qu'il ne faut pas manquer de faire remarquer aux enfants.

A cette création, représentée de façon visuelle, avec la forme et les couleurs, avec les lettres de l'alphabet ou avec les notes de musique, apportons l'idée de stabilité. L'aide expérimentale permet d'assister véritablement à la création d'un corps, comme nous l'avons vu avec le charbon ; c'est là quelque chose d'absolument sensoriel, qui suscite l'intérêt de l'enfant. Il n'est pas besoin, pour l'instant, de pénétrer plus avant dans l'étude de la chimie inorganique, c'est-à-dire de celle à laquelle appartiennent tous les corps minéraux.

QUELQUES NOTIONS DE CHIMIE ORGANIQUE

Nous pouvons encore apporter quelques notions de chimie organique ; on pense couramment — à tort — qu'elle est plus difficile, si bien qu'on ne l'enseigne pas avant l'entrée à l'Université. Mais si nous l'apportons dans une forme visuelle, pourquoi quelques formules de chimie organique seraient-elles plus difficiles que d'autres ?

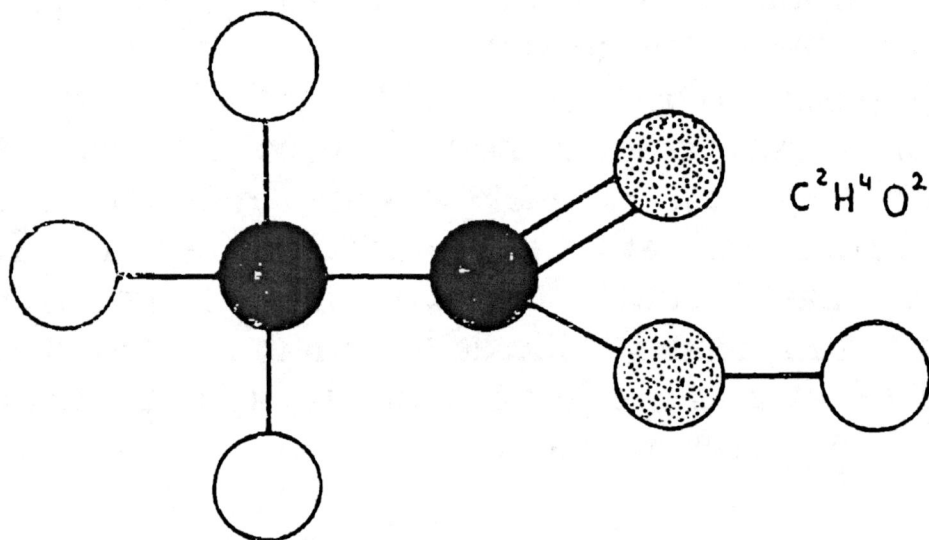

$$C^2 H^4 O^2$$

Qu'y a-t-il donc de si compliqué dans cette

formule qui représente l'acide acétique? Nous pouvons maintenant indiquer aussi celle de l'acide butyrique qui ne se différencie de la

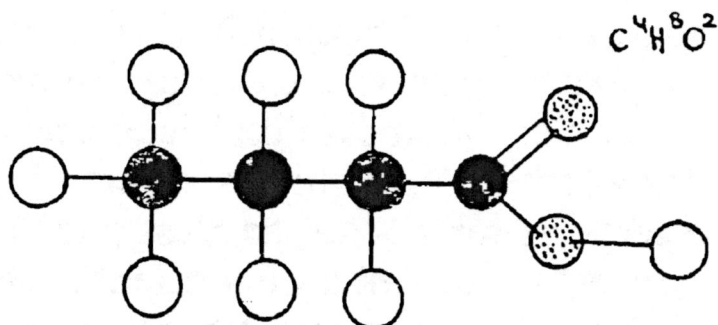

$C^4 H^8 O^2$

précédente que parce qu'il y a 2 frères de carbone de plus. Et puis passons à celle de l'acide palmitique qui comporte une longue chaîne d'atomes de carbone.

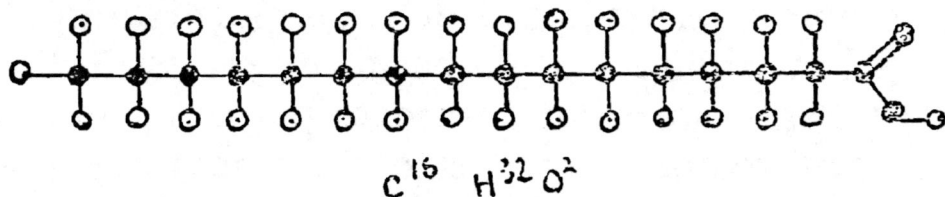

$C^{16} H^{32} O^2$

Le groupe O H s'appelle « hydroxyle ».

Remarquons que le carbone, qui entre dans la composition de ces matières organiques, constitue comme leur épine dorsale, et que ce qui évolue autour de lui, c'est tout simplement de l'eau ; on ne sort pas de là. Avec les mêmes éléments — hydrogène, oxygène, carbone, — on peut faire quantité de combinaisons différentes.

C'est comme une robe qui serait brodée de fils de différentes couleurs. Ce qui fait la diversité et l'ingéniosité de la brodeuse, c'est moins la question des valences, c'est-à-dire du point de la broderie, que l'ingéniosité, la puissance, c'est-à-dire l'œuvre de vie. Ce à quoi nous nous attachons ici, c'est moins à l'intérieur des atomes qu'à la force extérieure qui les tient assemblés dans une certaine forme : or, ce n'est pas l'affinité chimique : c'est la vie, qui les maintient ensemble. Cette conception est peut-être difficile, non la formule. Les molécules peuvent être très grandes, jusqu'à comporter chacune 300 atomes, et davantage.

Ce qu'il faut rappeler, c'est que la particularité de la chimie inorganique, c'est la stabilité des corps formés tels une famille à travers les siècles, alors que la particularité de la chimie organique, c'est l'instabilité du corps formé, c'est-à-dire que les substances sont formées par des groupes d'atomes retenus entre eux par une force extérieure, si bien que les atomes s'interchangent, mais que le type du composé subsiste.

Il existe aussi d'autres formules un peu plus compliquées dans lesquelles les atomes de carbone ne sont pas représentés comme des frères qui se tiennent par la main ; nous y trouvons toujours le carbone, puis les hydroxyles, mais nous y trouvons en plus une nouveauté : quelques atomes d'oxygène qui s'y faufilent, comme, par exemple, en cette formule de l'amidon :

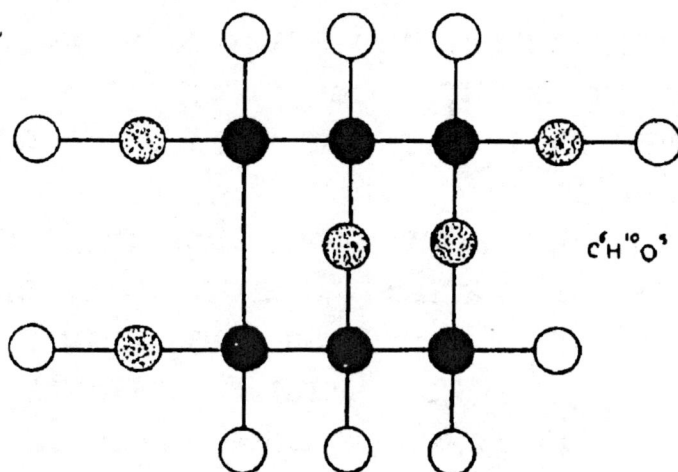

$$C^6 H^{10} O^5$$

et en cette autre du glucose :

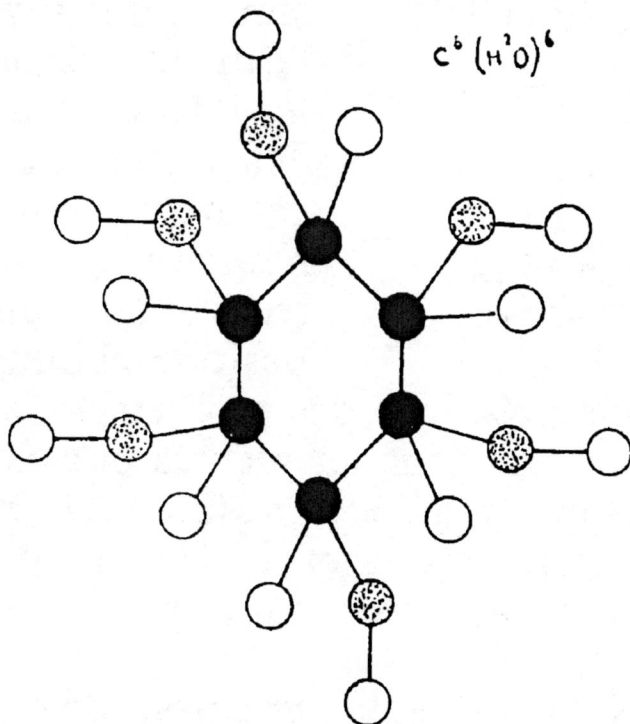

$$C^6 (H^2 O)^6$$

*
* *

Voici maintenant une figure schématique qui constitue un exemple de corrélation : c'est un arbre, avec sa racine, son tronc, ses branches et ses feuilles.

L'action dont nous avons déjà parlé s'exerce sur toutes ses parties. L'arbre tire, en effet, sa nourriture de la terre, à travers sa racine. C'est la chimie qui permet de trouver que les racines de l'arbre absorbent des substances nutritives dont l'eau et l'azote sont les deux principales. Mais il faut, pour que cet azote constitue une nourriture, qu'il se trouve dans une composition chimique spéciale ; et cela pose bien des problèmes : qui donc fournit cet azote dont les plantes ont continuellement besoin et qu'elles absorbent ? Qui donc remet en terre cet azote ? On ne peut rien toucher dans la nature sans que ce problème soit soulevé.

Tous les êtres vivants ont besoin de quelqu'un

qui les aide à vivre ; et voilà que surgit, si important dans l'éducation, le problème du secret de la nature.

Les substances organiques qui ne vivent plus tombent sur la terre ; si ces substances organiques ne vivent plus, la force qui retenait les atomes entre eux dans les grandes molécules n'existe plus ; alors ces molécules se rompent, les atomes se détachent et suivent leur instinct : le carbone s'en va avec 2 oxygènes, etc.

Et l'on revient ainsi des compositions organiques aux compositions inorganiques. De ce qui vient des êtres vivants, il reste bien peu de chose : un peu d'anhydride carbonique, un peu d'ammoniaque et un peu d'eau ; les éléments organiques disparaissent. Tout ce travail de désagrégation par les infiniment petits se produit dans la terre.

Un jour que, à Rome, j'assistais, au cimetière des pauvres, à l'exhumation des restes — opération qui se fait tous les dix ans afin de récupérer de la place — je vis les ouvriers creuser sans plus rien trouver que de rares débris. Ils creusaient désormais dans une belle terre bien noire, bien pure ; une bonne terre saine, sans odeur.

Les plantes absorbent par les racines les substances organiques azotées de cette terre. Seul reste l'ammoniaque, que les plantes ne peuvent absorber ainsi. Il faut alors que les composés d'azote et d'hydrogène se transforment en composés avec oxygène. Si c'est trés difficile à obtenir en chimie, dans la nature, les microbes se livrent continuellement à ce travail dans la terre; et c'est de ce travail que naissent les nitrites et les nitrates que les plantes peuvent absorber. Sans ces microbes, ce passage de la mort à la vie n'existerait pas. Quand toutes les substances organiques ont disparu, il reste l'anhydride carbonique, l'eau et l'azote. L'azote se transforme, et les plantes peuvent alors l'absorber.

A l'autre extrémité de notre arbre, se trouvent les feuilles vertes. La substance qui lui donne cette couleur s'appelle la chlorophylle ; le rôle de cette chlorophylle est d'absorber l'anhydride carbonique de l'air — qui est un poison émis continuellement par tous les animaux et même par la terre — et de décomposer cet anhydride carbonique en en retenant le carbone, et en laissant échapper l'oxygène. L'arbre devient ainsi un véritable dépôt de carbone. Nous le savons, puisque nous nous servons de bois pour nous chauffer ; et nous savons également que les dépôts de carbone sont constitués par des arbres fossiles. C'est bien pour cela que les feuilles sont nécessaires à l'absorption du carbone et à la purification de l'air.

Mais la chlorophylle ne serait pas capable, à elle toute seule, d'opérer ce travail ; il lui faut une collaboration : celle des rayons du soleil ; de son côté, l'arbre ne pourrait, lui non plus, accomplir seul sa grande tâche s'il n'était aidé par une autre force, indépendante de lui : l'énergie solaire.

Ainsi cet arbre est en liaison, d'une part, avec les microbes invisibles, d'autre part avec le soleil. C'est du contact avec les microbes que naissent tant de belles et bonnes choses : fleurs et fruits... Comme il est généreux, comme il travaille, cet arbre ! Il prépare le carbone, il purifie l'air, il donne des fruits, il donne des fleurs. Toutes les plantes peuvent faire naître cette pensée ; les plantes, plus modestes que l'arbre, se livrent pourtant, elles aussi, à un travail utile : telles de véritables industriels, elles préparent des substances nutritives. Parlons de la pomme de terre, du froment, de l'amidon, de la betterave, de la canne à sucre, etc...

C'est là le propre de la création.

Et nous nous apercevons que ces plantes belles et vigoureuses se livrent à leur propre travail, tout comme les coraux, qui construisent un continent. Ce sont des ouvriers qui puisent leur nourriture et recherchent les meilleures conditions de vie. Voilà le cycle de la vie, comme nous avons vu le cycle de la pierre. Tous les êtres vivants ont pour fin de contribuer au bien-être des autres êtres vivants. Il est difficile d'établir un parallèle entre les phénomènes de la nature et ceux de la vie humaine. Pourtant, un parallélisme existe, et principalement par le fait que, dans leur ensemble, les hommes doivent avoir une grande tâche dans la création, et sur un plan sans doute plus élevé que celui de la nature. Chaque homme travaille pour les autres hommes. L'industrie et le commerce peuvent être considérés comme un rapport comparable à ceux qui se produisent dans la nature. Ne pourrait-on pas réétudier l'histoire de l'humanité sous ce nouveau point de vue ?

Si nous mettons un trait d'union entre la nature et la supernature que s'est construite l'homme, tout ce qui appartient à la première éclaire ce qui se passe dans la seconde.

Ainsi, on peut remarquer la différence entre la constitution des cellules végétales et celle des cellules animales.

Les cellules qui composent les plantes sont rectangulaires, ou mieux, prismatiques ; leurs membranes sont épaisses, fortes et peu perméables ; elles donnent une impression de la force des végétaux et de la puissance de leur défense. Aussi quand elles grandissent, elles envahissent tout à l'entour ; la ramification les caractérise ; les racines les fixent dans la terre et les tiennent sûrement. Elles absorbent les rayons du soleil tout spécialement par leurs feuilles. La plante est belle et propre ; elle arbore de multiples couleurs et parfums, et ses racines transforment la laideur en beauté.

Les animaux, eux, commencent leur cycle avec des cellules plutôt sphériques, que leur membrane très fine, très légère, semble mettre continuellement en danger. Timides d'aspect, elles se limitent, contrairement aux cellules végétales, et ne sont pas envahissantes. Quand elles grandissent, elles se replient sur elles-mêmes en une ou deux couches, ou davantage. La complexité de leurs fonctions se trouve toujours à l'intérieur. En outre, l'animal ne peut saisir les substances dont il se nourrit sans se déplacer lui-même pour se les procurer.

Qui des deux possède la caractéristique de la supériorité ? Les animaux représentent le plan supérieur de la nature, et pourtant, ce sont les plantes qui ont ces caractères que nous considérons comme supérieurs. Les animaux font figure, eux, d'êtres humbles, sans défense, toujours en mouvement, ballottés de-ci de-là. Et pourtant, nous disons : l'animal est supérieur à cause de cela même ; on l'appelle animal parce qu'il y a en lui quelque chose qui le guide et le fait se mouvoir. Continuellement en péril, il faut toujours qu'il cherche par lui-même sa nourriture ; il dépend du monde végétal, que ce soit pour l'alimentation ou pour la purification de l'air qu'il respire ; et il n'a jamais cette pureté du végétal qui, lui, est toujours propre. On pourrait croire que l'animal doive toujours être en lutte contre le végétal, et pourtant ce sont deux formes nécessaires l'une à l'autre et qui s'entr'aident.

Et voilà l'intérêt qui surgit à l'égard du comportement de l'humanité. La nature nous révèle que celui qui est véritablement l'être supérieur et fort, c'est celui qui, malgré sa faiblesse, a toujours le dessus.

CONCLUSION

Tout ce que nous venons d'indiquer n'est, en réalité, qu'un exemple pour l'application de la méthode ; mais nous avons la prétention de faire pénétrer l'enfant dans des conceptions plus élevées ; ce qu'il faut tout d'abord comprendre, c'est notre but, qui est de suivre, autant que possible, dans leur ensemble, les besoins de la croissance et de la vie.

Nous venons d'effleurer quelques cycles, comme, par exemple, celui du carbonate de calcium ; mais tout se tient et, ce qui est intéressant, c'est de pouvoir s'orienter dans ces corrélations. Apporter des notions détachées, c'est apporter la confusion ; mais il faut que nous puissions déterminer le lien existant entre elles ; et, quand est établie la corrélation entre les notions désormais enchaînées les unes aux autres, les détails eux-mêmes trouveront leur lien entre eux. L'esprit, alors, sera satisfait, et le désir naîtra d'aller plus avant dans la recherche.

Puis, en déterminant avec l'enfant la corrélation entre les choses, obéissant au propre de l'esprit humain, nous créons pour lui une philosophie ; et pourquoi l'enfant ne pourrait-il faire de la philosophie ?

Puisque l'esprit humain est mathématique et philosophique, cherchons dans les proportions raisonnables à tourner l'esprit de l'enfant vers la mathématique et la philosophie.

Voici donc un principe essentiel de l'éducation : enseigner les détails, c'est apporter la confusion ; établir la relation entre les choses, c'est apporter la connaissance.

L'ENFANT A LA TERRE

CONSIDÉRATIONS GÉNÉRALES :

Le besoin qui se fait si impérieusement sentir d'une réforme dans l'enseignement secondaire ne pose pas seulement un problème éducatif, mais aussi un problème humain et social que l'on peut résumer ainsi : les écoles, telles qu'elles existent aujourd-hui, ne sont adaptées ni aux besoins de l'adolescent, ni à l'époque à laquelle nous vivons.

La société, dont les complications et les contradictions atteignent à un paroxysme, se trouve devoir faire face à une crise qui menace la paix du monde et la civilisation elle-même. Les progrès réalisés par la science et par ses applications pratiques, tout en étant en connexion avec cette crise, n'en sont pourtant point les causes. Plus qu'à toute autre chose, elle est due à la disproportion qui existe entre le développement de l'homme et celui du monde extérieur, dont il n'a pas suivi l'allure.

Alors que le progrès matériel, extrêmement

rapide, a entièrement transformé la vie sociale, le développement des écoles, immobilisées à un stade où elles ne répondaient déjà pas aux besoins du passé, présente aujourd'hui un contraste absolu avec le progrès humain.

Si une réforme de l'école secondaire ne peut, à elle seule, résoudre tous les problèmes de notre époque, elle doit constituer une étape nécessaire et contribuer pratiquement, quoique incomplètement, à la reconstruction de la société.

Le problème de l'éducation présente aujourd'hui une importance d'ordre général. Il faut que sa solution aide et protège le développement de l'homme. C'est en aidant à l'amélioration de l'individu, que l'éducation doit améliorer la société.

L'éducation des adolescents prend une importance capitale, parce que l'adolescence est l'époque à laquelle l'enfant devient un homme, c'est-à-dire un membre de la société.

Si la puberté est, au point de vue physique, une transition entre l'état d'enfance et celui d'adulte, elle constitue, au point de vue psychologique, une transition entre la mentalité de l'enfant — qui vit en famille — et celle de l'homme, qui doit vivre en société.

L'enfant, de sa naissance à 12 ans, a accompli un cycle complet. De 7 à 12 ans, il a pu, grâce à sa liberté et à notre comportement à son égard, atteindre un degré de culture en avance de trois années sur les enfants des autres écoles ; en outre, notre éducation lui a apporté, en plus de la culture, la faculté de faciliter ses relations sociales avec les autres individus.

C'est à cet âge que l'enfant en a fini avec cette période de sa vie, et la nature le fait bien voir. A ce moment là, on doit diriger les études sur l'humanité, sur la vie humaine, et particulièrement sur les hommes qui ont aidé à faire avancer la civilisation. La nature devait constituer l'intérêt prépondérant chez l'enfant jusqu'à 12 ans ; après douze ans, il nous faut développer chez lui le sentiment de la société qui doit contribuer à amener plus de compréhension entre les hommes et, par suite, plus d'amour. Développons dans ce but l'admiration et la compréhension du travail et de la vie de l'homme. Forçons sur les travaux pratiques (avec la terre, les gaz, etc...). Faisons participer l'enfant à quelque travail social ; aidons-le intellectuellement, par les études, à pénétrer le travail de l'homme dans la société, afin de développer chez lui cette compréhension humaine et cette solidarité qui manquent tant aujourd'hui.

Quand la morale apportera aux générations futures le sentiment d'attachement non plus seulement à la patrie, mais à l'humanité entière, la base de l'amour et de la paix sera construite.

Ces deux besoins nouveaux de l'adolescent — être protégé pendant la période délicate de transition physique, et être mis en état de comprendre le rôle d'homme qu'il va jouer dans la société — font surgir deux problèmes d'égale importance, concernant l'éducation à cet âge.

Spécifions que la conjoncture sociale de notre époque qui doit susciter les plus fortes répercussions est en l'occurrence l'insécurité de l'avenir.

Le monde matériel, en complète évolution, offre les incertitudes et les dangers dûs à un ajustement nouveau. Nous avons perdu cette « sécurité » de jadis. Le temps est passé où la profession se transmettait tranquillement de père en fils. La certitude d'un bon emploi qui récompensait de bonnes études est perdue. La famille ne peut plus le garantir comme jadis ; et l'État n'est plus, lui non plus, en mesure d'assurer un emploi aux citoyens destinés à des professions supérieures, à la sortie des écoles spécialisées. Il faut maintenant faire face à de nouvelles difficultés que l'insécurité des conditions modernes a fait surgir.

Le monde est, partie en état de désagrégation, partie en état de reconstruction. L'alternance du progrès et de la régression crée l'instabilité. Le monde est comparable à un terrain en train de subir l'épreuve de la charrue.

Dans ces conditions sociales, il nous faut nous rappeler que le seul guide sûr pour l'éducation, c'est la personnalité même des enfants à éduquer.

Il faut donc préparer la personnalité humaine aux éventualités imprévues, et non plus seulement en vue des conditions que prévoyait la seule logique. Il faut, sans spécialisation rigide, développer en elle une possibilité d'adaptation souple et vive. Dans cette bataille féroce qu'est devenue la vie sociale, l'homme a besoin, outre son courage, d'un caractère fort et d'un esprit rapide. Il lui faut à la fois renforcer ses principes par un entraînement moral, et jouir de capacités pratiques, pour faire face aux difficultés de la vie.

La faculté d'adaptation est essentielle aujourd'hui ; car si le progrès ouvre sans cesse de nouvelles carrières, sans cesse aussi il supprime ou révolutionne les emplois traditionnels.

Il n'est pas question d'exclure des écoles secondaires la préparation aux professions intellectuelles, et encore moins d'y diminuer la culture. L'éducation doit, bien au contraire, y être très large et très complète, non seulement pour ceux qui se destinent à des professions intellectuelles, mais pour tous les hommes qui vivent à une époque caractérisée par le progrès de la science et ses applications.

Les laboureurs ont, aujourd'hui, besoin d'éducation ; il leur faut comprendre les problèmes complexes de notre temps ; ils ne seraient autrement qu'une paire de mains ignorant le rôle que joue leur travail dans le plan de la société. Tels qu'ils sont encore actuellement, on pourrait dire qu'ils n'ont point de tête, alors que les intellectuels resteront des infirmes tant que leurs mains demeureront incapables. Leur esprit se stérilisera s'il ne prend conscience de la grandeur des réalités pratiques qui les environnent.

Des hommes qui ont des mains et pas de tête, et des hommes qui ont une tête et pas de mains sont également déplacés dans la communauté moderne.

Le problème de la réforme de l'école secondaire ne sera résolu ni en supprimant la « culture », ni en perdant de vue la nécessité de préparer la jeunesse aux professions intellectuelles. Mais il est essentiel que cette préparation n'endorme pas les hommes dans un sentiment erroné de sécurité, et ne les rende pas incapables de faire face aux difficultés imprévues de la réalité, en les laissant ignorants des conditions du monde dans lequel ils sont destinés à vivre.

Il y a peu de temps, on introduisit les sports en plein air dans l'éducation, afin de fournir des exercices physiques aux jeunes gens qui vivaient enfermés et sédentaires ; aujourd'hui, le besoin se fait sentir d'une éducation plus dynamique du caractère et d'une conscience plus claire de la réalité sociale.

L'école secondaire, telle qu'elle existe à présent, n'a d'autre but que de préparer les élèves à une carrière, comme si les conditions sociales dans lesquelles nous vivons étaient encore paisibles et stables. Cette école ne prend aucun soin particulier de la personnalité des enfants, et ne fournit pas davantage les soins physiques nécessaires à cette période de l'adolescence. Ainsi, non seulement elle ne correspond pas aux conditions sociales de nos jours, mais elle est entièrement défaillante devant cette tâche qui devrait être la sienne : protéger et favoriser l'éclosion de la personnalité des adolescents, cette énergie humaine dont dépend l'avenir.

Les jeunes gens sont contraints de travailler par « devoir », par « nécessité », non par intérêt. Aucun but déterminé ne leur est proposé, qui leur apporterait une satisfaction immédiate et renouvellerait l'intérêt d'un effort continu.

Ils sont dirigés par une force extérieure et illogique, et le meilleur de leur énergie individuelle est gâché. Adolescents et jeunes gens sont traités jusqu'à leur maturité comme les enfants des écoles élémentaires. A quatorze ans, à seize ans, ils sont encore soumis au traitement mesquin des « mauvaises notes » avec lesquelles les professeurs pèsent leur travail ; c'est une méthode analogue à celle qui pèse les objets sans vie, à l'aide mécanique de la balance. Le travail est « mesuré » comme une matière inanimée, et non « jugé » comme un produit de la vie. Et c'est de ces notes que dépend l'avenir de l'étudiant. Dans ces conditions, les études constituent un fardeau écrasant qui pèse sur la jeunesse, alors qu'elles devraient représenter un privilège : l'initiation à la science, fierté de notre civilisation. Les jeunes gens, c'est-à-dire les hommes de l'avenir, sont formés dans un moule étroit et artificiel. Quelle vie misérable on leur offre, quelle pénitence sans fin, quelle renonciation futile à leurs plus chères aspirations !

L'école secondaire, telle qu'elle existe actuellement est en outre un obstacle au développement physique des adolescents. En effet, la période de l'existence à laquelle le corps atteint sa maturité est une période délicate : l'organisme se transforme ; son développement est rapide. Il est, à ce moment, si délicat, que les médecins comparent cette époque à celle de la naissance et à celle de la rapide croissance des premières années. On constate une prédisposition particulière à certaines maladies groupées sous le nom de « maladies de l'adolescent ». La prédisposition à la tuberculose est un des principaux dangers auxquels est exposé l'enfant pendant cette transition où il devient adulte.

Cette période est également critique au point de vue psychologique. C'est l'âge des doutes et des hésitations ; des émotions violentes, du découragement ; il se produit, à ce moment-là, une diminution des capacités intellectuelles. La difficulté à se concentrer sur les études n'est pas due à un manque de volonté ; elle constitue un des caractères psychologiques de cet âge. La puissance d'assimilation et la mémoire, qui dotaient les jeunes gens d'un tel intérêt pour les détails et pour les choses matérielles, semble changer de nature.

Or, examinons ce qui se passe chez l'adolescent dans les écoles secondaires : à chaque heure, il change de professeur et d'enseignement ; il change, sans aucun esprit de suite. Or, on ne peut s'adapter en une heure à une pensée nouvelle ; et quand il est arrivé à s'y adapter, un autre professeur survient aussitôt qui enseigne une autre matière. C'est dans cette agitation spirituelle que s'écoule cette période difficile de la vie humaine. On se borne à apporter des connaissances, beaucoup de connaissances, de toucher à quantités de sujets, mais à tous avec la même légèreté. On enseigne le latin, les mathématiques, de la même manière qu'on enseigne la religion, alors que la religion n'est pas une matière comme les autres ; elle nécessiterait une étude spéciale, de même qu'il en faudrait une pour les lois de construction de la société.

Les choses essentielles sont actuellement enseignées sur le même plan que les détails; or il nous faut apporter à la conscience ce qui l'attend dans la vie.

L'adolescence se caractérise par un état d'expectative, par une préférence pour les travaux de création, par un besoin de fortifier la confiance en soi. L'enfant devient soudain hypersensible aux brusqueries et aux humiliations qu'il avait, jusque là, souffertes avec une patiente indifférence. Et les réactions de rebellion pleines d'amertume qui en découlent donnent quelquefois naissance à des caractères moralement anormaux, alors que c'est à cette époque, durant cette « période sensible », que devraient se développer les sentiments de justiee et de dignité personnelle ; c'est-à-dire les caractères les plus nobles qui devraient préparer l'homme à devenir un être social.

La transformation est considérable. On a traîté cette époque de « renaissance » ; on naît véritablement pour la deuxième fois. C'est donc une naissance à une autre vie. L'individu redevient un nouveau-né social.

C'est un homme social qui n'existe pas encore, mais qui, déjà, est né. Il est encore, physiquement, plein de faiblesse et de besoins nouveaux. Les médecins disent qu'à cet âge sévit une mortalité qui peut se comparer à celle des bébés. Il est d'ailleurs facile de comprendre combien la rapide croissance du corps peut affaiblir l'individu.

Parallèlement surgit un puissant développement intérieur.

Qu'est-il? Un mystère. Aussi bien que le nouveau-né est spirituellement un mystère, le nouveau-né social en est un autre. Comme chaque fois que nous nous trouvons devant un mystère de la création, il nous faut considérer cette création comme divine; elle n'est pas due à la volonté de l'enfant. Or, c'est une période décisive, délicate, respectable, qui se présente à notre responsabilité. Qu'est-elle? Nous l'ignorons, il nous faut nous hâter de le savoir. Mais il faut que ce soit l'enfant qui nous révèle ce qui se passe en lui pendant cette croissance qui est la création effective, réelle, de l'homme social. Il faut, par conséquent, le mettre dans les conditions qui lui sont nécessaires pour faire ses révélations. Jusqu'à présent, l'enfant est resté dans sa famille, à son école. Nous nous sommes aperçus qu'il ne travaillait pas volontiers, qu'il se fatiguait vite, et que des quantités de défauts surgissaient à cette époque.

Puisqu'il y a changement radical de sa personne, il doit y avoir changement radical de son éducation.

***

Il existe deux sortes de difficultés à considérer :

1. Les difficultés inhérentes à la forme actuelle de la société.

2. Les difficultés dues aux besoins vitaux de l'adolescent.

Il ne faut pas que la vie demeure une « inconnue » dans laquelle l'orphelin se sente perdu, dans laquelle l'émigrant désespère de trouver son salut parce que l'application de ses capacités demeure impossible. Le succès dépend de la confiance en soi, de la connaissance de ses propres capacités et des multiples possibilités de les adapter. La conscience de sa propre utilité, le sentiment que l'on peut aider l'humanité par de multiples moyens emplissent le cœur d'une confiance noble, d'une dignité presque religieuse. Mais le sentiment d'indépendance qui en découle doit naître de l'habileté à se suffire à soi-même, et non d'une vague liberté due à l'aide bénévole et gratuite des adultes.

Deux « fois » peuvent élever l'homme : la foi en Dieu et la foi en lui-même. Et ces deux fois doivent coexister : la première concerne la vie intérieure de l'homme ; la deuxième concerne l'homme social.

* * *

I. *Réformes en relation avec la forme actuelle de la société.*

La réforme essentielle consiste donc à mettre l'adolescent en mesure d'acquérir son indépendance économique. Il s'agit de créer une « École expérimentale de vie sociale ».

Cette « indépendance » a, d'ailleurs, une valeur encore plus éducative que pratique ; elle est encore plus utile à la psychologie de l'adolescent qu'à sa vie matérielle. Un garçon dont la fortune semble mettre la sécurité matérielle au-dessus des vicissitudes de la vie, doit tirer malgré cette situation grand profit d'une initiation à l'indépendance économique ; sa personnalité sera mise en valeur du fait que, d'une part, il se sentira capable de réussir dans la vie par ses propres efforts et par ses propres mérites, et que, d'autre part, il sera en contact avec la réalité suprême de la vie.

Il s'agit donc de mettre l'adolescent en mesure de gagner de l'argent grâce à son propre travail. Puisque nous estimons que la charité blesse la dignité de l'indigent et que nous nous ingénions à lui apporter la possibilité de gagner ce qu'il reçoit, pourquoi n'appliquons-nous pas le même principe à ceux que nous sommes chargés d'éduquer ?

Le travail dont nous parlons doit constituer, sans idée de compétition, une mise en valeur des qualités de l'individu, un apprentissage permettant aux talents de se révéler en dehors de la spécialisation.

Cette conception implique un principe général : c'est de considérer que le travail en soi a une bien plus grande importance que le genre de travail auquel on se livre. Tout travail est noble. La seule chose indigne est de vivre sans travailler ; il est indispensable de comprendre la valeur du travail dans toutes ses formes, qu'elles soient manuelles ou intellectuelles. Et l'expérience pratique fera comprendre que les deux aspects se complètent, et qu'ils sont également essentiels dans une existence civilisée.

Cette conception d'éducation directe a une certaine analogie avec ce qui se pratique depuis 1837 dans certaines écoles modernes d'Amérique — écoles secondaires et universités — et que l'on doit à Mary Lyon : le « Self-Help ». Mais le but du « Self-Help » est exclusivement d'apporter aux étudiants pauvres la possibilité de gagner le prix de leurs études par leur propre travail, au lieu de les faire dépendre de bourses en nombre forcément limité. Cette organisation a été mise en pratique par les écoles elles-mêmes. C'est-à-dire que c'est l'école qui procure, paie, surveille et sauvegarde le « Self-Help ». Le travail est obtenu, soit à l'école même, ce qui est facile dans les pensionnats, soit au dehors, mais toujours en relation avec l'organisation de l'école. Cet usage s'est largement développé aux États-Unis, et l'expérience a été couronnée de succès.

Le « Self-Help » a apporté deux démonstrations :

1. Sa haute portée morale, en sortant la conscience de l'inertie dans laquelle on la trouve généralement chez les jeunes gens qui sont maintenus passifs dans leurs familles, et en leur enseignant pratiquement la valeur du temps et de leurs propres capacités ; en les faisant se rendre compte qu'ils sont capables de participer à la vie sociale.

2. La preuve que le travail matériel ne retarde pas les études, mais aide, bien au contraire, à les intensifier. Ce sont, en effet, les étudiants obligés de recourir au « Self-Help » qui sont en général ceux qui obtiennent les plus grands succès scolaires.

Cette réussite peut venir à l'appui de notre assertion qu'un travail productif qui assure l'indépendance économique de l'adolescent ou, plus exactement, qui lui apporte la première notion de cette indépendance, peut avantageusement devenir un principe général pour son éducation sociale.

De nos jours, on livre les enfants à la société sans aucune préparation préalable. Il leur faut tenter leurs expériences sans aide, et c'est là une perte dangereuse d'énergie. Tandis que si l'expérience est faite avec l'aide de l'école, les enfants sont guidés par une série d'expériences simples et faciles. Se livrer à un travail agréable, c'est un repos. Et tout travail doit être présenté comme ayant un but.

Nous pouvons d'ailleurs considérer ce plan comme un développement des exercices de vie pratique qui ont fait leurs preuves avec les jeunes enfants, depuis les tout-petits de la nursery.

Dans nos « Maisons des Enfants », ceux de trois ans apprennent à épousseter, à essuyer, à ranger, à mettre le couvert, à servir à table, à faire la vaisselle, etc... Ils apprennent en même temps à se suffire à eux-mêmes pour se laver, se doucher, se peigner, se baigner, s'habiller et se déshabiller, pendre leurs vêtements dans leur armoire ou les ranger dans un tiroir, cirer leurs chaussures, etc... Ces exercices font partie de la méthode d'éducation, et ne dépendent pas de la situation sociale des élèves. Les enfants de familles aisées, habitués à être entourés de serviteurs, prennent leur part des « exercices de vie pratique » quand ils viennent à nos « Maisons des Enfant ». Ces travaux ont un but éducatif et non utilitaire ; et les enfants réagissent par une véritable explosion d'indépendance à l'égard de toute assistance inutile qui supprime leur activité et les empêche de faire usage de leurs propres moyens. C'est précisément ces « enfants indépendants » qui apprennent à écrire à quatre ans et demi, qui apprennent spontanément à lire, et dont les progrès en arithmétique sont stupéfiants.

Le développement intellectuel précoce de ces enfants prouve bien que le travail ne les fatigue pas. Ils nous ont révélé le besoin essentiel de leur développement en nous disant : « Aide-moi à faire tout seul ! »

2. *Réformes en relation avec les besoins vitaux des adolescents.*

Pendant la période difficile de l'adolescence, il est souhaitable de faire vivre l'enfant hors de son milieu habituel, de sa famille, à la campagne, dans un lieu tranquille, au sein même de la nature. Là, une existence au plein air, des soins individuels, une alimentation saine doivent être les premières conditions pour l'organisation d'un centre d'études et de travail.

Cette théorie est d'ailleurs basée sur une formule qui a déjà été largement expérimentée dans le monde entier. La création d'écoles secondaires éloignées des grandes villes, à la campagne ou dans de petites villes, remonte bien loin. Ces institutions ont prospéré, très nombreuses en Angleterre, à l'usage de toutes les classes de la société, même des plus privilégiées (Eton, Harrow, etc.) et le même principe se retrouve dans les universités d'Oxford, de Cambridge, etc. Ces écoles jouirent d'un tel succès en Angleterre et aux États-Unis que des villes se sont bâties autour des universités d'abord isolées. C'est le cas d'une grande partie des universités modernes d'Amérique.

La vie en plein air, au soleil, une alimentation riche en vitamines fournie par les champs voisins, sont des auxiliaires précieux pour le corps de l'adolescent, tandis que le calme environnant, le silence, les merveilles de la nature satisfont les besoins de son esprit en favorisant sa réflexion et sa méditation. En outre, c'est au collège que le rythme de la vie quotidienne peut le mieux s'harmoniser avec les exigences des études et du travail, alors que l'atmosphère familiale doit plutôt se conformer aux exigences de la vie des parents.

Notre plan n'est pourtant pas une simple réplique de ces universités à la campagne ou dans une petite ville ; car ce n'est pas la campagne en soi à laquelle s'attache une telle valeur, mais le travail à la campagne et « le travail » en général, avec le sens social que confèrent la production et le gain.

L'observation de la nature n'est pas seulement un enrichissement de l'esprit aux points de vue philosophique et scientifique : elle est aussi à la base de quantités d'expériences sociales qui engendrent l'étude de la civilisation et de la vie humaine.

Par « travail à la campagne », il ne s'agit pas de transformer les étudiants en paysans : les méthodes intensives de l'agriculture moderne ne sont pas dues au seul travail manuel de l'homme ; c'est également celui de son invention ; c'est grâce à la science — produit de la civilisation — qu'il a créé en quelque sorte une « superconstruction ».

Donc, le travail à la terre, c'est à la fois une introduction à la nature et à la civilisation. Le travail à la terre, c'est l'accès à la voie illimitée d'études scientifiques et historiques. Quant à la récolte qui s'ensuit, elle constitue une initiation au mécanisme social fondamental de la production et des échanges sur lequel repose la base économique de la société.

Cette forme de travail introduit donc les enfants, à la fois au moyen de l'expérience et de l'étude, au sein de la vie sociale.

Si nous avons appelé cette organisation « les

Enfants à la Terre » ou « Enfants Champêtres »,
c'est qu'il s'agit, en effet, d'enfants qui pénètrent
dans la civilisation par ses origines, c'est-à-dire
au stade où les peuples, se fixant à la terre,
ouvrirent une ère de vie pacifique et de progrès
civil, alors que les nomades restaient des barbares
et des guerriers.

L'école de ces enfants ou, plus exactement,
leur maison à la campagne ou à la petite ville,
doit être pour eux l'occasion d'une expérience
sociale, parce que leur vie y est établie sur
une plus grande échelle, et avec une possibilité
plus grande de liberté que dans leur famille.

A cette organisation doivent s'adjoindre diverses formes d'activité. L'exploitation partielle
entraînerait un insuccès. Il faut à la fois l'hôtellerie, la boutique et la ferme, le tout se com-
plétant.

Une ferme moderne, tout en nécessitant
quantité de travaux scientifiques et manuels,
apportera la possibilité de produire, puis d'échanger, et d'entrer directement en contact avec
la société par l'intermédiaire d'une boutique
ou d'un comptoir.

En s'annexant une hôtellerie, « l'hôtellerie
des Enfants Champêtres », l'école s'octroie
la possibilité d'initier les enfants à tout ce que
comporte une telle entreprise.

Cette maison, devant recevoir à la fois jeunes

garçons et jeunes filles, doit être dirigée par un couple marié qui, outre ses fonctions matérielles, exerce une action morale et protectrice sur la jeunesse. Ce sera une maison familiale.

En participant à l'administration de cette maison, les jeunes gens acquièrent de l'expérience dans toutes les branches diverses qu'offre une entreprise d'hôtellerie, depuis la recherche du confort jusqu'à l'organisation matérielle et sociale et à la surveillance et au contrôle financier.

Puisque les petits enfants nous ont prouvé qu'ils étaient capables de tenir la maison propre et ordonnée, de servir à table, de laver les assiettes ou d'avoir la responsabilité de leur vaisselle, il sera facile aux adolescents d'apprendre à tenir un hôtel ; c'est une profession pour la préparation de laquelle se sont d'ailleurs créées des écoles spéciales.

Cette hôtellerie, avec ses multiples activités, peut s'étendre au delà de « l'habitation-hôtel » des enfants eux-mêmes. Elle peut, tout en restant simple et rustique, être destinée à recevoir de courtes visites des familles d'élèves, permettant à celles-ci de se rendre compte du mode d'existence de leurs enfants au collège, et de contribuer à l'équilibre économique de l'institution.

L'hôtellerie, conçue sur un plan moderne, dans une simplicité artistique, égayée par les enfants libérés des contraintes artificielles, doit fournir toute une gamme d'activités capables de développer le sens artistique dans l'habitation.

Enfin, une autre institution sociale expérimentalement très importante est celle de la « Boutique », qui sera, elle, la maison sociale.

Une boutique, ou comptoir, établi à la ville voisine, permet aux « Enfants Champêtres » d'y apporter et d'y vendre le produit de leurs champs et de leurs jardins, en même temps que d'autres produits de leur travail et, éventuellement, du travail d'autrui. Ils peuvent ainsi y écouler celui de voisins pauvres ou d'artisans qui ne trouvent pas place dans le commerce ordinaire.

Ce commerce doit toutefois présenter certains caractères particuliers, et conserver la tradition du passé où le talent personnel s'exprimait sur chaque objet.

Cette Boutique peut être considérée comme une résurrection historique de la boutique médiévale, qui était un centre de rendez-vous et, pour ainsi dire, un symbole de sociabilité ; aussi, offrait-elle un aspect artistique ; bénite et vouée à quelque idée religieuse, elle servait à vendre et à acheter avec une honnête simplicité. Enfin, elle constituait une espèce d'institution publique pour le petit commerce où se produisaient effectivement les « échanges » individuels d'objets, amenant des échanges de nouvelles et de sentiments. Elle faisait partie de la vie sociale.

La vieille coutume de mêler les affaires à l'amitié et d'établir des contacts personnels est une réminiscence du passé ; et cette coutume a tout avantage à être ressuscitée chez la jeunesse joyeuse, enthousiaste, avide de variété.

La Boutique nécessite, en outre, une ingénieuse initiation au commerce et à l'échange ; elle doit enseigner l'art de satisfaire à la demande, et d'échanger des mots et des idées avec l'homme de la rue, ainsi que la tenue stricte et rigoureuse des livres.

PLAN D'ÉTUDES ET DE TRAVAUX

Il est impossible de fixer a priori un programme détaillé pour les études et les travaux. Nous ne pouvons indiquer ici qu'un plan général : le programme doit s'établir tout naturellement, étayé sur l'expérience.

Les études ne sont pas nécessairement liées dès le début aux programmes actuels des écoles secondaires ; elles doivent encore moins emprunter les « méthodes » en vigueur... Il s'agit d'ailleurs d'étendre le champ de la connaissance, et non de le réduire. C'est principalement sur la *manière* de distribuer cette connaissance et sur les « méthodes » d'enseignement que doit porter la réforme.

Notre plan vise avant tout à rendre possible la mise en valeur de la personnalité dans les conditions sociales actuelles. Une telle éducation n'a donc pas le droit de réduire à la spécialisation l'instruction susceptible d'assurer « une bonne place » pour l'avenir. La nécessité d'une spécialisation étant absolument désastreuse, il ne faut la considérer que comme un « moyen pratique » pour entrer dans la société, et non comme un « but » auquel il faille sacrifier à la fois les valeurs de l'individu et son sentiment de responsabilité à l'égard de la société.

Deux principes sont essentiels :

1. Il n'est pas nécessaire, pour se reposer, de recourir à des « vacances » qui constituent une perte de temps et rompent la continuité de la vie. Le repos se trouve dans un *changement d'occupations* ; les vacances peuvent donc être procurées par la variété des occupations, par la diversité des intérêts.

2. L'étude répond à un « besoin de l'intelligence » ; par conséquent, si l'on s'arrange pour qu'elle corresponde à la nature psychique de l'individu, non seulement elle ne représente pas une « fatigue mentale », mais elle répond à ce besoin en régénérant et en fortifiant le développement de l'esprit.

La démonstration de ces deux principes a déjà été faite dans nos « Maisons des Enfants » ; les études et le travail, qui n'y apportent aucune fatigue, y accroissent tellement la volonté des jeunes enfants, que ceux-ci, infatigables, continuent à travailler une fois rentrés chez eux.

Lors de notre première expérience, les enfants arrivaient à huit heures du matin, et repartaient le soir, à six ; pourtant, ils emportaient le matériel de l'école, pour pouvoir continuer leur travail en rentrant. On trouve au moins autant d'ardeur chez les adolescents.

Mais, pour obtenir un tel résultat, il est nécessaire de « seconder » la nature en répondant aux besoins particuliers de chaque âge. C'est l'expérience qui doit être le guide.

⁎⁎

A. *SOINS MORAUX :*

Par soins moraux, nous entendons les rapports à établir entre les enfants, les maîtres et l'entourage. Il faut que les maîtres observent le plus grand respect à l'égard des jeunes personnalités : dans l'âme de l'enfant sont cachées de grandes valeurs ; c'est dans l'esprit de ces jeunes garçons et de ces jeunes filles que réside tout notre espoir de progrès pour l'avenir. En outre, c'est eux qui seront les juges du présent.

C'est dans le *secret de l'adolescent* que se trouve la vocation intime de l'homme.

Si un progrès social se réalise au cours des générations, le développement de ces enfants, devenus adultes à leur tour, sera supérieur à celui de leurs maîtres actuels.

On peut, en chaque adolescent, retrouver le symbole de Jésus se sentant lié à un Père qui lui fait oublier ses parents terrestres, et

étonnant les sages et les vieillards par sa science.
N'oublions toutefois pas que « Jésus suivit
ses parents dans l'obéissance et travailla, soumis,
se préparant à sa mission future. »

Ce respect pour les jeunes êtres est essentiel.
On ne doit jamais traiter les adolescents comme
des enfants : ils ont dépassé ce stade, et mieux
vaut les traiter comme si leur valeur était supérieure à celle qu'ils ont réellement, que de
minimiser leurs mérites et de risquer de blesser
le sentiment qu'ils ont de leur dignité.

Il faut laisser à la jeunesse assez de liberté
pour qu'elle puisse agir selon une initiative
individuelle. Ménageons-lui donc des moyens
en lui laissant la liberté de créer. Mais, pour
que l'action individuelle soit à la fois libre et
fertile, elle doit être réduite à certaines limites,
et soumise à certaines règles qui constituent
une direction nécessaire. Ces limites et ces
règles doivent être observées par l'institution
entière : on ne doit pas donner aux adolescents
l'impression qu'ils sont inconscients, incapables
de se discipliner eux-mêmes.

Ces règles, tout comme le matériel des plus
jeunes enfants, doivent être « nécessaires et
suffisantes » pour maintenir l'ordre et assurer
le progrès. L'organisation doit être conçue de
telle sorte que les adolescents ne se sentent,
par la suite, dépaysés nulle part, et qu'ils

puissent s'adapter dans n'importe quel milieu.

Cette adaptation se manifestera alors par une « collaboration », source d'une harmonie sociale qui accélère le progrès individuel.

Le milieu doit faciliter « le libre choix ». Mais il faut éviter que l'enfant perde son temps et ses énergies en suivant des préférences vagues et incertaines.

C'est de l'ensemble de ces dispositions que surgira, non seulement la discipline, mais encore la preuve que cette discipline est un aspect de la liberté individuelle, un facteur essentiel du succès dans la vie.

Il est indispensable de veiller à l'ordre dans lequel se succèdent les occupations au long du jour, et de bien choisir le moment des changements. C'est à dire qu'il faut se servir des occasions qui s'offrent et qui concourent à une organisation.

On doit aussi, à côté des occupations actives, faire sa part au besoin de solitude et de calme : ce sont deux nécessités chez l'adolescent.

***

B. *LE TRAITEMENT PHYSIQUE*

Le traitement physique requiert une attention toute particulière, étant donné les conditions physiologiques de l'adolescence. C'est une période de crise pendant laquelle toutes les glandes endocrines sont en mouvement et, à travers elles, l'organisme entier. Le corps grandit rapidement, mais il ne grandit pas à un rythme uniforme ; d'où déséquilibre fonctionnel. Dans la première période de l'adolescence, les jambes s'allongent beaucoup plus rapidement que le buste et, par conséquent, que le thorax. Il en résulte une insuffisance du cœur et des poumons qui provoque des palpitations, et une diminution de la résistance pulmonaire. La force musculaire ne croît pas, elle non plus, en proportion de la stature due à l'allongement des jambes. On peut diviser l'adolescence physique en trois périodes.

1º Développement des jambes.

2º Développement du buste, et spécialement du thorax.

3º Développement de la force musculaire.

Et comme ces transformations se produisent à intervalles rapprochés, en deux ans environ, il est bon de surveiller la croissance de l'adolescent, de prendre sa mensuration anthropométrique et d'examiner périodiquement son cœur et ses poumons, même quand il semble être en parfaite santé.

Il faut apporter une attention toute particulière à son alimentation. Elle doit être abondante et nutritive, mais sans viande pendant cette période ; à la campagne où les légumes, les fruits, les œufs et les laitages conservent toute leur valeur, les aliments végétaux crus et, spécialement, les fruits accompagnés de lait, de succédanés de lait et les œufs doivent entrer en abondance dans les menus. Les légumes fraîchement cueillis et les fruits qui ont atteint leur pleine maturité sur leurs plants sont de véritables trésors. Les légumes fanés et les fruits obtenus artificiellement, comme on les achète le plus souvent à la ville, ont une valeur nutritive insuffisante.

Les poisons ordinaires, alcool et tabac, doivent être bannis chez l'adolescent ; on peut les remplacer par des bonbons, car le sucre est pour lui un élément nutritif de première nécessité, presque au même titre que pour le bébé.

La vie au plein air et au soleil, les bains, la natation doivent être le plus fréquents possible, presque comme au sanatorium. Un terrain plat, où les grandes promenades sont faciles, au bord de la mer ou dans les bois, est plus favorable que la haute montagne, où les promenades risquent de forcer le cœur, à ce stade de croissance où le thorax est insuffisamment développé.

⋆⋆

C. PROGRAMME ET MÉTHODES

Le programme général des études peut être divisé en trois parties. Il faut :

1. Ouvrir la voie aux possibilités d'expression personnelles de l'adolescent, c'est-à-dire faciliter, par des exercices et par des moyens extérieurs, le développement de sa personnalité intérieure.

2. Répondre à ce que nous considérons comme les éléments créateurs de l'être psychique chez l'homme en général.

3. Mettre l'adolescent en rapport avec la civilisation actuelle, en lui apportant une culture générale, et aussi au moyen de l'expérience.

1. *Ouvrir la voie aux possibilités d'expression personnelle.*

Les exercices visant à ce but sont des exercices artistiques laissés au libre choix, tant pour le genre de l'exercice que pour le moment de son accomplissement. Certains enfants choisissent le travail individuel, d'autres le travail par groupes. Ces exercices se rapportent aux arts, à la langue et à l'imagination. Ils comprennent la musique, l'art dramatique et la diction, et les travaux artistiques.

a. *La musique* : Exécution de morceaux par lesquels les enfants apprendront à identifier les compositeurs et leurs époques, comme on le fait couramment pour les études littéraires. Des chorales. Étude d'instruments pour soli et orchestres.

b. *La langue* : Diction, élocution, représentations dramatiques ou de poëmes. Cultiver l'art de parler avec logique, d'exposer des idées, de raisonner et de discuter. Lectures à voix haute capables de soutenir l'attention du public, conférences libres sur des idées personnelles.

c. *Travaux artistiques* : le dessin, les représentations solides, pastiline, etc..., avec des buts variés : dessins ornementaux, reproductions de la nature, créations de l'imagination, etc... Il ne s'agit pas de considérer ces travaux comme une véritable étude artistique ; ils ne sont destinés qu'à faciliter l'expression du sentiment artistique personnel en rapport avec un travail manuel, qu'à acquérir des techniques modernes.

2. *Répondre à ce que nous considérons comme les éléments créateurs de l'être psychique chez l'homme en général.*

L'enfant a besoin d'être mis en valeur. Son instinct lui fait tout trouver beau, l'encourage à tout admirer. Nous devons favoriser cette tendance. Sa personnalité a besoin d'être observée et aidée, à condition que l'aide se limite au besoin. Si nous voulons apporter une éducation religieuse adaptée à cet âge, elle doit être faite de contacts. Dieu aime la créature, la voit sans cesse, ne l'abandonne jamais. Et si nous voulons donner une idée religieuse de la nature, il nous faut toujours parler de l'individu, de l'animal, au singulier ; et que tout soit bien clair, bien distinct, on pourrait dire haché, détaché, analysé : l'enfant, le père, la mère, les personnes, les animaux ; il s'agit, durant cette période, de faciliter la construction de la personnalité ; aussi essayons-nous de clarifier en donnant de toute chose une matérialisation, et même en rendant maniable ce qui est abstrait.

La culture « créatrice », destinée à la construction des bases mêmes de la personnalité, se divise en trois branches : l'éducation morale, les mathématiques et les langues.

a. *L'éducation morale* construit la base de cet équilibre spirituel sur lequel repose tout le reste, et qui peut être comparé à l'équilibre physique sans lequel il est impossible de se tenir droit ni de se livrer à aucune activité motrice.

b. *Les mathématiques* : L'intelligence humaine n'est plus, aujourd'hui, une intelligence naturelle, mais une intelligence mathématique ; et, sans l'éducation et le développement mathématique, il est impossible de comprendre le progrès de notre époque, ni d'y participer. Un esprit sans culture mathématique est, aujourd'hui, comparable à un homme qui ignorait l'alphabet, au temps où tout ressortissait de la culture littéraire. A l'état naturel, l'esprit humain est déjà mathématique : il tend vers l'exactitude, la mesure et la comparaison ; il est capable, dans certaines limites, de pénétrer de nombreux « effets » que la nature offre aux hommes, tandis qu'elle lui cache le monde des « causes ».

Il faut donc, en raison de cette importance vitale des mathématiques, que l'école emploie des « méthodes spéciales » pour les enseigner, et qu'elle en rende ses éléments clairs et compréhensibles à l'aide de la concrétisation.

c. *Les langues* : Le développement du langage fait partie de la personnalité elle-même. Les mots sont, en effet, le moyen naturel d'exprimer la pensée et, par conséquent, d'établir la compréhension entre les hommes. Si une seule langue suffisait jadis, il est aujourd'hui de toute nécessité d'enseigner des langues différentes. Le latin, dont l'importance était prépondérante quand la culture principale était une culture littéraire, n'est plus aussi essentiel de nos jours. Son enseignement ne doit, en aucun cas, être « imposé », puisque cette langue est pratiquement inutile, sauf pour les études classiques dans un but professionnel. Le latin a, toutefois, une telle importance historique,

que son acquisition doit être rendue possible à tous ceux qui le souhaitent ; il doit donc exister, à titre facultatif. Les professeurs de latin ont ainsi la possibilité de « pénétrer » et de s'imposer, en conquérant l'intérêt, en rendant attrayant le langage auquel se rattachent les origines de notre civilisation.

3. *Mettre l'adolescent en rapport avec la civilisation actuelle en lui apportant une culture générale, et aussi au moyen de l'expérience.*

a. *Étude de la terre et de la nature vivante :* c'est-à-dire la géologie (avec des documents sur les périodes préhistoriques), la biologie, la cosmographie, la botanique, la zoologie, la physiologie, l'astronomie, l'anatomie comparée.

b. *Études se rapportant au progrès humain et à la construction de la civilisation à travers les sciences physiques, chimiques, etc.*

Tout en étant exactes, ces études doivent toujours donner lieu à des expériences pratiques, afin de toujours apporter aux enfants la possibilité d'observer et d'expérimenter eux-mêmes. Grâce à ces bases, ils pourront assimiler les matières les plus difficiles, impossibles à démontrer à l'école. Les notions pratiques, en illustrant la théorie, la rendent plus attrayante, et engagent à aller toujours plus avant.

L'école devra donc posséder son « musée des machines » : machines maniables, permettant aux enfants de les démonter et de les remonter, de s'en servir et, à l'occasion, de les réparer. Le plan incliné, les engrenages, le tour, la roue et tous les éléments qui aident à obtenir un plus grand rendement avec un moindre effort, de même que les lentilles et les prismes pour la concentration et pour la déviation de la lumière, peuvent constituer un « matériel » pour l'étude des lois essentielles de la physique, avec leurs formules et leurs calculs mathématiques. De même pour la statique : un matériel simple peut être conçu, qui aidera à comprendre les lois régissant l'équilibre des édifices et des ponts.

« L'Enfant champêtre » doit être habitué à se servir de machines : machines à écrire, à tricoter, à tisser ; machines à calculer, à imprimer, à photographier, à développer ; cinémas, microscopes, phonographes et radios, machines électriques ; il doit savoir le Morse pour le télégraphe, et manier les machines pour la vie courante ; pas seulement la bicyclette « pour aller plus vite », mais aussi les petites machines d'usage familier : machines à éplucher les légumes, à faire la purée, à aspirer la poussière, à laver et à repasser, etc... C'est un organe multiforme de la vie de l'homme moderne.

Là, une réflexion s'impose : la civilisation a donné à l'homme, au moyen des machines, *l'industrilization ?*

une puissance bien supérieure à celle qui lui était propre ; mais, pour que l'œuvre de la civilisation se développe, il faut aussi que l'homme se développe. Le mal dont souffre notre époque vient du déséquilibre créé par la différence de rythme auquel ont évolué l'homme et la machine ; la machine a avancé à une allure accélérée, et l'homme est resté en arrière. Aussi l'homme vit-il sous la dépendance de la machine, alors que c'est lui qui devrait la dominer. Le progrès ne doit pas déterminer le triomphe du matérialisme ; il doit, bien au contraire, « élever » l'homme. Il est exaltant de mettre son idéal à monter toujours plus haut ; il faut enseigner aux adolescents notre tâche sur la terre. Mais cette puissance apportée à l'homme par la machine doit aussi lui créer des devoirs nouveaux, une moralité toujours plus haute.

L'homme aux pouvoirs « supernaturels » peut apercevoir, à travers des verres, des choses infiniment petites, ou très éloignées. Il peut faire des calculs mathématiques qui auraient été complètement inaccessibles et même inconcevables à l'homme naturel. Il peut, aujourd'hui, écouter des voix qui viennent de distances considérables ; il peut mesurer les ondes qui rendent ces communications possibles. Il voyage avec une rapidité toujours accrue, vole dans les airs et se maintient à la surface des mers. La machine lui confère donc un pouvoir immense ; un pouvoir presque aussi fantastique que celui des héros des contes de fées, et le progrès de l'entourage social y correspond. Mais si l'éducation ne l'aide pas à participer à ce monde, il demeurera « en dehors de la société ». L'homme de cette « supernature » est le roi de la terre, des choses visibles et invisibles ; il pénètre les secrets de la vie en donnant naissance à une faune et à une flore qui constituent cette supernature, faisant progresser, par la chimie, les produits naturels de la terre, transformant les corps, comme à l'aide d'une baguette magique. Et c'est la preuve de la grandeur de l'humanité collective ; et à cela chaque homme peut apporter sa contribution. Mais c'est aussi pour cela que l'homme qui détient un tel pouvoir devient dangereux. Une morale individuelle et sociale nouvelle doit donc se faire jour dans ce monde nouveau : une morale apportant des directives nouvelles sur le bien et sur le mal, sur les lourdes responsabilités, qu'assument les individus à l'égard de l'humanité entière, à partir du moment où il élève sa puissance au-delà de sa propre nature. La machine ne doit que *remplacer l'esclave* dans la nouvelle civilisation.

c. *Histoire de l'humanité*, qui doit être aussi complète que possible. Il faut donner une vue d'ensemble dans laquelle il est bon de choisir des périodes particulières pour les études individuelles. Une bibliothèque spécialisée comportant des atlas géographiques, un musée d'histoire, c'est-à-dire des portraits et des reproductions de documents historiques et préhistoriques, en constituera le matériel précieux.

La partie de l'Histoire la plus importante pour les adolescents est celle qui traite des explorations, et aussi des inventions ; il est bon d'illustrer l'Histoire d'images de la vie sociale avant et après la découverte en question, afin de faire comparer la vie de l'homme au cours des différents stades de la civilisation.

Un autre aspect de l'Histoire qui convient particulièrement à la période suivante est celle qui étudie le développement humain par rapport aux événements géographiques, le contact entre les différents peuples, les croisements, l'assimilation des différentes races et cultures, les guerres et la conquête des empires, le tout accompagné d'un regard sur les sentiments et sur les coutumes, sur l'influence de la religion et du sentiment de la Patrie et sur le comportement de l'homme.

Sujets spéciaux : A côté de ces considérations d'ordre général, il est intéressant de se livrer à une étude détaillée d'une époque, d'un événement ou de la vie de quelque personnage ayant suscité chez les élèves un intérêt particulier ; c'est l'occasion de collectionner, de consulter et de comparer des documents, des articles et des portraits jusqu'à compréhension totale du sujet.

Il faut aussi jeter un coup d'œil sur la situation présente du pays, sur sa constitution, ses lois, ses caractéristiques particulières et sur ses caractères moraux ; tableau qui doit être copieusement illustré de références, et qui doit comporter des visites aux lieux présentant quelque im-portance historique.

*_**

LES MÉTHODES

Les meilleures méthodes sont celles qui suscitent le maximum d'intérêt chez l'élève, qui lui apportent la possibilité de travailler seul, de faire lui-même ses expériences, et qui permettent d'alterner les études avec la vie pratique.

Un tableau écrit en grands caractères, bien en vue, indiquant clairement le degré de culture exigé par les lois de l'enseignement secondaire constitue un excellent stimulant et apporte des directives, mais non des obligations. Il faut, en outre, laisser à ceux qui désirent travailler la possibilité d'atteindre — ou même de dépasser — le niveau requis par les règlements officiels.

Cette école de « l'Enfant champêtre » s'étendant sur toute la période de la puberté, c'est-à-dire jusqu'à 18 ans, il faut, durant les deux dernières années aider les élèves à être prêts pour entrer à l'Université ou pour passer les examens nécessaires à l'obtention de titres.

CONSIDÉRATIONS PRATIQUES

Un plan dont on est actuellement si éloigné ne peut se réaliser que peu à peu. Bien entendu, il s'agit la d'une école ouverte à tout enfant ayant passé par l'école élémentaire, et pas seulement à ceux venant d'une école spécialisée ; d'une école pour enfants normaux, mais où les enfants lents, retardés, ou tout simplement souffrant de quelque défaut psychique tel que barrière mentale ou timidité, soient sûrs de trouver une aide efficace, d'obtenir une amélioration effective.

Un large espace avec des bois, voisin de la mer et, en même temps, près d'une ville, constitue l'endroit le plus favorable pour l'établissement d'une telle école. Il faut que les professeurs aient la possibilité de vivre à l'école même, y assumant en partie le travail, participant à la vie quotidienne de la maison. Une discipline sévère doit exister pour le personnel attaché à l'institution aussi bien que pour les élèves, afin d'assurer l'ordre de la vie intérieure et l'unité des buts ; et les adolescents s'adapteront nécessairement à un milieu ordonné.

De jeunes maîtres — hommes et femmes — viendront aussi enseigner de l'extérieur. Il faut, bien entendu, qu'ils soient qualifiés pour enseigner dans une école secondaire, mais cela ne signifie pas qu'ils seront libres d'enseigner par leurs propres méthodes ; il leur faut, au contraire, adopter les méthodes de l'établissement pour que leur collaboration soit efficace. Ces maîtres doivent être jeunes, avoir l'esprit ouvert, être prêts à prendre une part active à la vie de l'école, et à y apporter leur propre contribution. Il ne les faut, d'ailleurs, pas en trop grand nombre : le minimum capable d'enseigner les connaissances, au fur et à mesure des exigences que font surgir les méthodes de l'institution.

A côté des maîtres qui enseignent les sujets habituels, il est nécessaire d'adjoindre des techniciens tels qu'un professeur d'agriculture et de jardinage, un autre, apportant l'enseignement des affaires pour la Boutique et pour l'Hôtel, un maître pour les travaux artistiques. Tous les membres du personnel doivent être spécialement qualifiés pour les travaux pratiques qui leur incombent : cuisine, couture, raccommodage et comptabilité ; il est également intéressant de s'attacher un ouvrier intelligent, sachant exécuter divers travaux et qui aide un peu à tout dans la vie pratique de la maison.

De même que nos enfants, dans nos écoles élémentaires, ont appris à plier leurs effets, à coudre, à ranger, ceux-ci doivent apprendre à réparer les objets détériorés, à remettre une machine en état ou à ajuster un meuble, remplacer un carreau, réparer une serrure, etc. Ils doivent être capables de tracer un sentier, établir une sonnerie, scier du bois et autres petits travaux.

On peut se demander comment ils gagneront de l'argent. Ce gain, qui ne peut pas être immédiat, ne peut être obtenu qu'avec la collaboration des adultes. C'est, en effet, aux adultes à gagner pour commencer, donnant l'exemple du travail, et laissant participer peu à peu les jeunes gens à l'organisation matérielle et économique, et à l'exécution des travaux. Par exemple, une ferme moderne, qui existe déjà, ou un jardin où l'on fait la culture des fleurs, peuvent peu à peu enrôler des enfants. Il suffit d'un arrangement entre l'école et les établissements voisins.

Ainsi, la Boutique peut être créée par un

comité d'adultes, par des familles d'élèves. C'est un adulte qui doit en assumer la responsabilité, mais les enfants, en y collaborant à tour de rôle, y apportent leur note de gaîté juvénile, en même temps que la primeur de leur travail et de leur ingéniosité.

Et l'établissement devra croître avec la collaboration des parents, des techniciens et des enfants eux-mêmes.

^{*}

Il serait bon de placer à la fin de cette période une préparation d'un mois environ, suivie d'une sorte d'examen ne portant pas sur les études, mais sur les problèmes de conscience. C'est, en effet, à ce moment-là que se produit en quelque sorte l'entrée de l'enfant dans la vie. C'est donc alors que nous devons le préparer à lutter contre les forces mauvaises devant lesquelles il va se trouver. Il lui faudra vaincre les tentations. Aussi, ne pouvons-nous le laisser se présenter devant « le prince de ce monde » sans une préparation : un résumé de ce qu'il a fait jusqu'alors, un examen de conscience, constituant une sorte d'admission à l'entrée dans la vie.

LA FONCTION DE L'UNIVERSITÉ

Les écoles sont faites pour les enfants et pour les adolescents. Une seule école est destinée aux adultes : l'Université.

Après dix-huit ans, la « préparation de l'organisme » est terminée, et les lois reconnaissent la maturité physique de l'individu en l'autorisant à se marier. A vingt et un ans, l'homme se considère comme libéré : il est majeur.

Or, on entre en général à l'Université après dix-huit ans, et l'on y est encore à vingt et un, et même deux ou trois ans au-delà. L'Université est donc une école pour adultes.

C'est la seule considération, d'ailleurs d'ordre purement physique, qui place l'Université dans une position différente des autres écoles.

Pourtant sa constitution ne diffère pas effectivement, et l'Université n'est que le prolongement direct des autres écoles. Les étudiants continuent à suivre des leçons, à écouter des professeurs, à passer des examens dont dépend le succès de leur carrière. L'unique différence consiste en ce que les élèves de l'Université ne sont pas tenus de répéter leurs leçons ni de faire des devoirs à la maison : c'est-à-dire que, en gens habitués à un travail forcé continuellement contrôlé, ils travaillent moins. Ils ont, en outre, des vacances plus longues. Pour le reste, tout comme aux stades précédents, ils dépendent de leurs familles, qui surveillent, si l'on peut dire, du point de vue financier, le succès des études, évalué par le passage des examens et par les notes.

A l'Université, des hommes vivent comme des enfants, alors que ce sont des hommes. C'est là qu'ils devraient prendre conscience de leurs responsabilités, de leur rôle, qui est de créer une famille. Au lieu de cela, ils font preuve, en général, d'un manque de conscience ; ils se font de la vie une idée fausse. On ne peut espérer que de tels hommes contribuent à améliorer la société.

Au Moyen Age, la vie des étudiants était empreinte de grandeur et de dignité. Il existait des centres d'études tels que la célèbre Université de Bologne, où affluaient les jeunes gens de tous les pays d'Europe. Chacun de ces étudiants avait le sens de sa responsabilité intellectuelle à l'égard de son pays d'origine, qui était honoré de compter à l'Université quelques uns de ses compatriotes. Et l'université de Bologne exposait somptueusement sur les murs de son grand amphithéâtre les armes, en émail et en or, des villes et des états représentés. Les étudiants participaient à des discussions philosophiques et politiques, qui les faisaient prendre conscience de leur propre valeur et de leurs propres responsabilités morales. La solennité des formalités, les robes d'hermine des professeurs étaient des rappels constants d'une dignité particulière à ces centres. Dans les Universités anciennes, il n'y avait d'examen que celui du doctorat. Les étudiants s'occupaient de leur études, puissamment intéressés par l'acquisition de connaissances élevées ; leur temps était compté et précieux. Les fêtes universitaires, empreintes d'un souci artistique, constituaient des événements dans la vie publique. Les Universités étaient véritablement des « centres de culture » d'où rayonnait la civilisation, dans des buts universels ; et les étudiants — c'est-à-dire ceux qui étaient studieux — en devenaient les propagateurs.

Mais aujourd'hui, la civilisation et la culture se transmettent par d'autres moyens, toujours plus étendus et plus faciles. La culture se répand par la presse et par les communications rapides, qui établissent une espèce de nivellement universel.

Aussi, les universités sont peu à peu devenues de simples écoles professionnelles, dont seul le degré de culture est supérieur à celui des autres écoles. Mais elles ont perdu le sens de leur dignité et de leur grandeur qui faisait d'elles un instrument central pour le progrès et la civilisation.

Les étudiants dont le but est simplement d'obtenir un obscur emploi personnel ne peuvent plus avoir conscience de cette mission qui créait jadis « l'esprit de l'Université ». Le seul désir de travailler le moins possible, de passer coûte que coûte les examens et d'obtenir le diplôme qui servira à l'intérêt individuel de chacun, est devenu le mobile essentiel, commun des étudiants. Si bien que, au progrès de la culture, qui a transformé l'existence, a correspondu la décadence des institutions universitaires. Les véritables centres du progrès se sont établis dans les laboratoires des chercheurs scientifiques, qui sont des lieux clos, étrangers à la culture commune.

La décadence générale des écoles constatée aujourd'hui ne vient pas d'une diminution de culture apportée aux étudiants, mais du manque de correspondance entre l'organisation de ces écoles et les besoins actuels ; elles sont restées au-dessous du niveau atteint extérieurement par la civilisation. Les bases matérielles de la civilisation ont changé au point qu'elles annoncent le début d'une civilisation nouvelle. En cette période critique de l'histoire de l'humanité, c'est la vie même des hommes qui a besoin de s'adapter à nouveau. Et c'est là que réside le problème de l'éducation.

L'éducation ne consiste pas à rechercher des méthodes nouvelles en vue d'une aride transfusion des connaissances ; elle doit se proposer d'aider au développement de l'homme. C'est, par conséquent, la vie humaine, la vie dans ses valeurs, qu'il nous faut considérer. Si c'est la « formation de l'homme » qui devient la base de l'éducation, il sera nécessaire d'établir une coordination entre tous les degrés, de l'enfance à la maturité, de la nursery à l'Université, puisque l'homme, s'il traverse des phases interdépendantes, n'est pas moins un. La phase qui précède prépare la suivante, en forme les bases, en cultive les énergies. Le manque de coordination entre les degrés successifs de l'École constitue déjà un obstacle dans les écoles, même telles qu'elles existent aujourd'hui : les universités ont un plan d'études à elles ; mais elles trouvent les étudiants insuffisamment préparés pour le suivre. Il en est de même de l'école secondaire par rapport à l'élémentaire ; et tout le monde sent peser l'obstacle dû au manque de préparation de la personnalité.

Si, en outre, ce n'est pas seulement la culture, mais aussi le développement de l'homme qu'entend obtenir l'éducation, une rigoureuse coordination devient essentielle et indispensable à toutes les périodes de la vie.

Lors de l'expérience faite avec des enfants de l'école élémentaire, nous avons constaté que c'est exactement entre 6 et 12 ans qu'il serait bon de poser les bases de toutes les sciences. Il existe, psychologiquement, une période sensible qui pourrait s'appeler « la période sensible de la culture », durant laquelle s'organise le plan abstrait de l'esprit humain. C'est alors que tout doit être semé. On peut comparer cette période de l'âme humaine au champ où sont jetées les graines qui attendent leur saison pour lever.

Le but de l'éducation est d'étudier tous les moyens possibles pour « semer ces graines » à l'âge qui convient. Cet « ensemencement » ne doit pas seulement intéresser l'école élémentaire, mais aussi l'Université, au même titre que la plantation du lin doit intéresser le fabricant de toile. Car, si la matière première vient à manquer, il devient inutile d'avoir de bons instruments pour la travailler.

Il en va de même dans la vie psychique ; à certains âges, une activité intérieure enracine les premiers développements intellectuels, suscitant des réactions d'enthousiasme et éveillant des capacités qui, sans cette activité, resteraient assoupies. Vient ensuite toute l'époque de la jeunesse qui développe ces centres d'intérêt.

Mais si les germes des connaissances n'ont pas été semés à la bonne saison, il ne reste que l'inertie qui se refuse à l'effort, et toute l'étude est stérile. On pourrait dire que c'est quand on a commis ce péché contre les lois de la vie que le travail devient un effort aride, une espèce de condamnation dans le genre de celle que décrit la Bible pour Adam. Ce n'est évidemment pas le Travail, mais le travail en dehors des lois, qui se voit condamner par la malédiction divine. C'est ainsi que l'étudiant poursuit le cours aride et forcé des études sans animation. Il faudrait un encouragement suprême, un rayon de lumière pour appeler les cœurs repliés dans l'inertie et dans l'erreur, et pour revivifier la vie languissante. Mais ce n'est pas l'école aride qui peut faire cela, elle qui sous-estime la personnalité de l'étudiant, et qui continue à aggraver son découragement et son inertie.

Donc, même pour l'acquisition de la culture, les divers degrés de l'École ont un intérêt commun ; ou, pour mieux dire, les écoles supérieures ont, à l'égard des écoles élémentaires, un intérêt de contrôle, puisque c'est dans ces dernières que se préparent les énergies humaines.

Les professeurs à l'Université, tant de sciences que de lettres, auront devant eux des apôtres ardents, des critiques intelligents, de véritables collaborateurs en leur élèves, si ceux-ci ont été développés normalement ; sinon, ils n'auront devant eux que des esprits répulsifs, indifférents et inertes, des jeunes gens irrespectueux, qu'il leur faudra tenir comme des chevreaux en laisse.

Mais la collaboration est plus nécessaire encore quand il s'agit de la personnalité humaine dans sa totalité, car la vie humaine n'a pas soif que de culture. La culture comporte quelque chose de réceptif, alors que la vie est active et expansive, et qu'elle cherche à créer à l'extérieur. C'est à dire qu'étudier, ce n'est pas vivre ; et vivre, c'est précisément ce qui est le plus nécessaire pour pouvoir étudier.

Nous l'avons également constaté : l'étude, même élargie, même assimilée, ne satisfait pas la personnalité humaine. Il reste d'autres besoins, dont l'insatisfaction conduit à des conflits intérieurs qui influent sur l'état mental en en troublant la clarté. La joie, le sentiment de sa propre valeur, de se sentir apprécié et aimé par les autres, de se sentir utile et capable de produire, voilà des facteurs d'un immense intérêt pour l'âme humaine. Et c'est de ces facteurs-là, et non de la seule culture, que l'Université nouvelle devra extraire sa dignité nouvelle. La considération morale et philosophique de la vie et le but de l'homme étaient, jadis, la base même de l'Université ; la culture était le splendide *moyen* d'élever l'humanité à un niveau supérieur. Aujourd'hui, ce n'est ni par la philosophie, ni par la discussion de concepts métaphysiques que l'on peut développer la morale de l'homme : c'est par l'activité, par l'expérience et par l'action.

Il est intéressant de constater combien tous les actes pratiques intéressent l'enfant dans la période qui précède l'adolescence. C'est le travail manuel avec un but pratique qui aide à acquérir une discipline intérieure. Quand la main se perfectionne dans un travail choisi spontanément et que naît la volonté de réussir, de surmonter un obstacle, c'est autre chose qu'une simple acquisition qui surgit à la conscience : c'est le sentiment de sa propre valeur. Depuis l'âge le plus tendre, l'homme trouve sa plus grande satisfaction à se sentir indépendant. Le sentiment de pouvoir se suffire à soi-même survient comme une révélation. Aucun doute que ce ne soit là un élément fondamental de la vie sociale.

Il est bien évident que le besoin d'aider les autres ou de chercher leur collaboration ne peut naître quand on dépend entièrement d'eux et que l'on est convaincu de sa propre incapacité. Enfin, le sentiment de sa propre valeur et la possibilité de participer à une organisation sociale constituent des forces vives. Et cela ne s'acquiert pas seulement en apprenant par cœur des leçons ou en résolvant des problèmes qui n'ont rien à faire avec la vie pratique.

Il faut que la vie devienne le point central, et la culture, un moyen. Rien ne prouve davantage la nécessité de la culture, que d'expérimenter combien elle est nécessaire pour vivre intelligemment et consciemment. Comprendre l'aide essentielle qu'elle apporte, sentir sa nécessité pour arriver à obtenir le succès et, par conséquent, la considérer comme la source de la joie spirituelle, c'est cela qui pousse à étudier toujours davantage.

Le rapport qui existe entre la vie et la culture est bien la preuve que les enfants sont susceptibles d'acquérir bien plus que ce que l'École d'aujourd'hui prétend leur enseigner avec ses programmes. Et c'est pendant l'enfance qu'il faut éveiller le premier intérêt, apporter la semence de toutes les sciences.

L'homme croît comme un grand tout ; et si le développement d'une de ses parties essentielles fait défaut, des complexes surgissent, qui peuvent troubler jusqu'au cerveau.

Celui qui prend conscience de sa propre valeur devient enclin à l'association ; il représente une énergie. Nous avons vu comment l'association entre les enfants se produisait spontanément, toute seule, pour penser et pour comprendre. Il semble que la véritable compréhension aille de pair avec la discussion, avec la critique, avec le consentement des autres. Il faut que le plaisir de connaître soit aussitôt communiqué à autrui. C'est dans cette communication que se développe l'enthousiasme.

Étudier et penser appellent l'association, tout comme le travail manuel. Celui qui se livre à un travail trop difficile pour lui a besoin de s'associer avec d'autres individus ; mais, même pour comprendre, l'aide des autres est nécessaire. La collaboration spontanée est une manifestation vraiment révélatrice.

L'association apporte des forces nouvelles ; elle stimule les énergies. La nature humaine a besoin de la société, tant pour la pensée que pour l'action.

Toutes ces constatations font toucher du doigt l'impossibilité d'enfermer l'éducation dans les limites d'une chambre où celui qui travaille est inerte, perpétuellement sous la coupe de celui qui enseigne, et séparé du reste du genre humain ; et cela est vrai même pour les petits enfants.

La première réforme de l'éducation doit être d'offrir aux enfants un milieu plus vaste, des activités plus variés et des possibilités pour eux de travailler en association.

Une période de germination pour la construction de la société se présente précisément pendant l'adolescence ; or, la société se construit au moyen d'activités diverses, et pas seulement par des activités purement intellectuelles ; et surtout, elle a besoin que l'individu qui développe ses expériences sociales acquière le sentiment croissant de sa propre conscience.

Un enfant inerte, qui n'a jamais travaillé de ses mains, qui n'a jamais ressenti que « vivre » signifie vivre socialement et que, pour penser et pour créer, il fallait au préalable réaliser l'harmonie de son âme, cet enfant sera un adolescent égoïste, pessimiste et mélancolique, qui cherchera dans les valeurs superficielles de la vanité les compensations d'un paradis perdu. Et c'est ainsi qu'il se présentera, homme, aux portes de l'Université. Pour demander quoi ?... Pour demander une profession qui lui permette d'assurer sa vie matérielle dans une société qui lui est étrangère et indifférente ; pour participer à une civilisation qu'il ignore. On ne peut considérer l'homme seulement quand il est déjà un homme. C'est avant cela, qu'il faut le considérer. Si l'on veut se trouver un jour devant un homme, il faut avoir d'abord cherché l'enfant. Détacher les différentes phases de sa vie est absurde. L'homme est le résultat de l'enfant ; et les causes du bien et du mal que l'on trouve chez l'adulte, on pouvait les déceler au cours de la brève période de croissance de l'enfant.

La distinction que nous établissons entre les intérêts de l'enfant et ceux de l'adulte, tant en éducation que dans les questions sociales, me fait penser à une lutte entre deux pays qui, au Moyen Age, prétendaient posséder des reliques précieuses : l'un détenait les trois crânes des Rois Mages enfants, et l'autre, les trois crânes des Rois Mages adultes.

Ce critère fatal, cette espèce de barrière psychique qui sépare nettement les deux intérêts est à la base de graves erreurs, et constitue un danger pour l'humanité civilisée. Pourquoi, devant les périls qui menacent le salut des peuples, ne considère-t-on pas la défense suprême, celle qui consiste à soigner, à fortifier et à redresser l'humanité par tous les moyens possibles, quand elle est encore à la période de formation ?

Aujourd'hui, dans cette civilisation miraculeuse, ce qui manque, c'est la force spirituelle de l'homme ; c'est la rectitude des consciences, mais, par dessus tout, c'est le sens de la vie humaine triomphant de l'univers.

L'homme qui arrive à l'Université a laissé derrière lui l'enfance et l'adolescence : c'est un homme formé, et une grande partie de son destin social, de son succès dans les études dépendent de la façon dont il a été formé.

Ce qui nous importe, c'est le « but de l'homme ». Et ce but ne peut se réduire à emmagasiner des connaissances pour l'exercice d'une profession. Les étudiants sont des adultes qui auront à exercer une influence sur la civilisation de leur époque. C'est de l'Université que sortent les éducateurs et, par conséquent, les dirigeants de la nouvelle humanité. C'est aussi de l'Université que sortent ceux qui seront les dirigeants des masses et les défenseurs de la civilisation. Quand ils feront passer les examens, et qu'ils se trouveront ainsi devant les portes du monde, il leur faudra une sérieuse préparation morale. Une fois hommes, ils ne resteront pas à l'école simplement pour en savoir un peu plus que les autres. La culture représente, il est vrai, une grande partie de leur préparation ; mais ces hommes seront susceptible de tout trouver grâce à ce moyen. Le milieu social s'infiltre par elle. Il est donc important de l'intensifier et de la faire pénétrer dans la conscience ; c'est une arme défensive pour l'humanité et pour la civilisation.

De même que la religion, qui est à la portée de tous, prend chez les missionnaires et chez les prêtres une intensité plus pénétrante et les fait agir pour le bien de l'humanité, de même, la culture, qui est partout éparse, et qui est nivelée chez les peuples civilisés, prend une forme plus profonde chez quelques élus qui s'en font les apôtres pour soutenir la civilisation.

La préparation devrait donc être plus étendue et plus active à l'Université. Si l'éducation des enfants ne peut se poursuivre entre quatre murs, elle peut encore moins satisfaire des hommes. Pour un adolescent, il est nécessaire de se sentir indépendant ; l'homme doit avoir déjà réalisé son indépendance. Les expériences sociales doivent être continues.

Un homme qui n'aurait jamais travaillé, qui n'aurait jamais cherché à gagner sa vie, qui ne se serait jamais approché des âges différents et des différentes classes sociales, serait difficilement digne d'accéder à une direction.

Cette « valeur de la personnalité » doit être cultivée activement par des expériences concrètes. Ce n'est pas en philosophant ni en méditant que se formera la conscience de l'homme moderne.

Le caractère même de l'Université est d'enseigner à étudier. Le diplôme n'est que la preuve que l'on sait étudier, que l'on sait acquérir tout seul la culture, que l'on est bien dirigé sur la voie des recherches scientifiques. C'est bien la preuve que l'instruction n'est pas la tâche essentielle de l'Université. Si l'on a appris à apprendre, c'est pour apprendre. Un homme diplômé est donc un homme qui sait mieux naviguer sur l'océan de la culture. Il a reçu une orientation ; c'est un travailleur qui a une boussole pour communiquer avec les astres qui éclairent la route.

Voilà ce que c'est qu'un homme diplômé.

Si le diplôme n'est qu'un certificat d'habileté à apprendre, pourquoi les études universitaires doivent-elles durer trois ou six ans ? Un homme qui étudie à l'Université sait bien qu'il lui faudra étudier toute sa vie ou renoncer à toute valeur. Alors pourquoi doit-il être brimé durant ces quelques années pour l'acquisition d'une culture qui ne prendra jamais fin ? Il doit exister une autre aide pour former les jeunes gens, pour leur permettre de s'assimiler à la civilisation et aux besoins du temps présent.

Il y aurait grand avantage, pour un véritable étudiant, à conquérir son indépendance économique durant ses études universitaires. Beaucoup de jeunes gens sont déjà professeurs dans des écoles privées, journalistes, artistes, assistants, commerçants, etc... Beaucoup sont déjà employés dans des laboratoires ou dans la diplomatie ; ces travailleurs-là ont les plus grandes chances de travailler par amour des études et en vue du progrès humain et non dans un but immédiat.

S'ils emploient quelques années de plus, peu importe, puisque leurs études ne doivent jamais prendre fin !

Il en est de même pour ceux qui désirent devenir professeurs à l'Université ; ils étudient, mais ne vont pas à l'école ; ils gagnent cependant modestement leur vie, précisément pour pouvoir étudier et atteindre des buts toujours plus élevés. Il ne faut pas qu'un homme qui étudie soit préoccupé par un examen comme un enfant qui craint les réprimandes de son père qui l'entretient ; il ne faut pas qu'il cherche des subterfuges pour obtenir une bonne note. Un homme doit, avant tout, savoir trouver sa propre indépendance et son équilibre moral. Et l'on devrait donner toutes facilités pour créer quelque forme de travail qui permette aux étudiants de s'initier à l'indépendance économique, afin qu'ils soient entièrement libres d'étudier, et capables de trouver leur véritable poste selon leur propre valeur.

On pourrait comparer la vie de l'homme aux trois étapes de la vie du Christ : d'abord le Bambino, miraculeux et sublime, c'est l'époque de la « sensibilité créatrice », de la construction mentale, si intense en activités qu'il y faut déposer toutes les semences de culture.

Vient ensuite l'époque de l'adolescence : époque des révélations intérieures, des sensibilités sociales. C'est celle où le Christ, adolescent, est venu discuter avec les Docteurs, oublieux de sa propre famille ; Il ne parle pas comme un écolier, mais comme un Maître éblouissant. Et puis, Il se consacre aux travaux manuels, et exerce un métier.

Enfin, vient l'Homme, qui se prépare à sa mission dans le monde. Et que fait-Il pour se préparer ? Il affronte le diable et le vainc. C'est la préparation. L'homme a la force de connaître et d'affronter les dangers, les tentations du monde pour s'aguerrir et pour vaincre. Au sens littéral, les tentations de vaincre sont celles de l'Évangile : la tentation de la possession et la tentation du pouvoir. Il existe en l'homme quelque chose qui est au-dessus des tentations ; il peut comprendre le seul moyen de créer un monde purifié, puissant et riche : savoir vaincre individuellement la tentation de la possession et du pouvoir.

C'est la voie de son règne. Mais, pour la trouver par l'éducation, il faut se tourner vers l'Enfant, et le considérer sous un autre aspect.

TABLE DES MATIÈRES

Imprimé par la Société St-Augustin, Desclée De Brouwer & Cie, Bruges
(Belgique) — 18519/23

MONTESSORI, M.   LB
                                  775
AUTHOR   .M73
De l'enfant a
TITLE   adolescent

DATE	BORROWER'S NAME	ROOM NUMBER
2/20	Chris Gitter	

MONTESSORI, M.   LB·
                                  775
                                  .M73

De l'enfant a adolescent

CPSIA information can be obtained at www.ICGtesting.com
Printed in the USA
LVOW10s1225081213

364392LV00009B/390/P